Hermann Carl
Mit Blaulicht und Büchse

ELV

Hermann Carl, geboren 1953 in Monschau, arbeitete seit den frühen 1970ern bis zu seiner Pensionierung 2015 als Polizist im Streifendienst, unter anderem in Köln, Aachen, Monschau, Roetgen und Simmerath. 25 Jahre war er Mitglied im Prüfungsausschuss für Jägerprüfungen bei der Städteregion Aachen und ist dort heute als Ausbilder tätig. Darüber hinaus ist er ehrenamtlicher Luchs- und Wolfsberater des Landes NRW. Carl ist Initiator des Erlebnismuseums *Lernort Natur* in Monschau, fungiert dort als Museumsleiter und Vorsitzender des Fördervereins. Er erhielt zahlreiche Auszeichnungen für sein Engagement, unter anderem die Naturschutzplakette in Bronze des Landesjagdverbands NRW für besondere Verdienste im Wildtier- und Biotopschutz, den Europäischen Sozialpreis sowie die Bundesverdienstmedaille, die ihm der damalige Bundespräsident Horst Köhler verlieh.

Hermann Carl

Mit Blaulicht und Büchse

Geschichten und Anekdoten aus dem Revier

ELV

Impressum

1. Auflage 2023

In der Verlagsgruppe Mainz

Printed in Germany

Eifeler Literaturverlag
Verlagsgruppe Mainz
Süsterfeldstraße 83
52072 Aachen
www.eifeler-literaturverlag.de

Gestaltung, Druck und Vertrieb:
Druck & Verlagshaus Mainz
Süsterfeldstraße 83
52072 Aachen
www.verlag-mainz.de

Lektorat:
Christoph Swiontek, Dr. Anne Syndram

Umschlaggestaltung:
Dietrich Betcher

Abbildungsnachweis:
Illustrationen S. 11, 26, 40, 46, 65, 81, 125 Zoë Hennemuth, Simmerath, Fotos Umschlag sowie S. 18, 54, 67, 67, 79, 99 Hermann Carl, Autorenfoto © Bernd Stuhlmann, Crossmedia Design Aachen

ISBN-10: 3-96123-070-6
ISBN-13: 978-3-96123-070-9

Inhalt

Polizeiausbildung

»Is' tot. Nix mehr zu machen. Was tun wir jetzt damit?«

»Wir lassen das liegen und fahren weiter.«

Die junge Frau stand am Straßenrand und blickte angewidert auf den toten Körper im Graben.

»Von wegen! Komm, halt mal die Taschenlampe. Ich zeig' dir jetzt, was wir tun.«

Und damit begann für die angehende Polizistin eine ganz besondere Lektion ihrer Ausbildung. Aber schön der Reihe nach.

Ich war zum Nachtdienst gekommen und erfuhr, dass mein Kollege krank geworden war. Da es nicht möglich ist, nachts einen Streifenwagen mit nur einem Beamten zu besetzen, fragte ich bei der vorgesetzten Dienststelle an, ob ich eine Vertretung für ihn bekommen könnte.

»Eigentlich nicht«, hieß es. Und nach kurzem Zögern:

»Naja, doch. Ich hab da noch jemanden, was ganz Besonderes für dich.«

Nach einer knappen Stunde kam das Besondere dann an: eine junge Kollegin noch in Ausbildung sollte aushilfsweise den Streifendienst erleben. Sie grüßte nicht und stellte sich nicht vor. Kaum war sie durch die Tür der Wache, schon ging das Gemaule los:

»Ej, was ist das für ein Provinzladen! Was soll ich denn hier? In dem Kaff passiert doch nie was Richtiges. Ich mach' meine Ausbildung nicht für nix in der Stadt, da bist du jeden Tag echt gefordert und kannst dich bewähren! Was soll ich denn hier lernen? Hühnerdiebe fangen? Brennende Misthaufen löschen? Besoffene Bauern trösten? Ich fass' es nicht!«

Na, da hatte ich ja was Feines geerbt. Mit der zusammen im Nachtdienst Streife fahren – Mahlzeit!

Im Streifenwagen gab ich mich freundlich:

»Sie glauben gar nicht, was wir hier in der Eifel alles zu bieten haben. Hier können Sie wirklich Aufregendes erleben. Die Nordeifeler Landstraßen sind reinste Unfallmagneten. Hier wird gerast, was das Zeug hält. Verkehrsunfälle mit Schwerverletzten und Toten sind unser täglich Brot!«

Weiter kam ich nicht.

»Tote!? So etwas brauchen wir als Auszubildende nicht zu machen.

Tote – ohne mich!«

Warum wollte diese junge Frau bloß Polizistin werden? Ich zeigte auf das Funkgerät und gab ihr zu verstehen, dass wir alle Einsätze zu übernehmen hätten, die uns daraus übermittelt werden. Egal worum es geht! Während der ersten Stunde Streifenfahrt blieb es ruhig. Dann ertönte der Funkspruch: »Verkehrsunfall mit Wild.«

Unser Einsatzort lag in einem großen, ausgedehnten Waldgebiet, in dem ich seit Jahren zur Jagd ging. Gottseidank war niemand verletzt, nur Blechschaden. Ich zeigte ihr, wie der Unfallfahrer die entsprechenden Papiere auszufüllen hatte, weil er die dringend für die Versicherung brauchte. Nachdem der Unglücksrabe davongefahren war, standen wir zwei mit dem überfahrenen Reh auf der verlassenen Straße.

»Is' tot. Nix mehr zu machen. Was tun wir jetzt damit?«, fragte ich sie.

»Wir lassen das liegen und fahren weiter.«, war ihre knappe Antwort.

»Von wegen! Komm, halt mal die Taschenlampe. Ich zeig' dir jetzt, was wir tun. Wir werden das Tier, was übrigens ein wertvolles Lebensmittel sein kann, nicht einfach da im Graben liegen lassen.«

Mit meinem Jagdmesser, das ich immer bei mir trage, brach ich das Reh nach den Regeln der Waidmannskunst auf – in Uniform mit hochgekrempelten Ärmeln. Der Kollegin erklärte ich jeden Handschlag. Der Jäger nennt das die ›Rote Arbeit‹ und ich machte es ihr zuliebe besonders ›rot‹. Immer wieder drehte sie sich um und schaute weg.

»Du musst mir mit der Taschenlampe leuchten, sonst sehe ich nicht, wo ich schneide. Außerdem musst du genau hinsehen, weil du ja was lernen sollst. Beim nächsten Wildunfall bist du dran.«

Als ich ihr dann zeigte, dass die Leber leichten Befall von Leberegeln hatte und erklärte, dass man die jetzt nicht mehr essen könne, war sie dem Nervenzusammenbruch nahe.

Nun mussten wir das Reh noch zum Forsthaus in die Kühlkammer bringen. Ich legte das Tier im Fußraum des Beifahrersitzes auf die Gummimatte. Die Azubine war völlig entsetzt, klemmte sich aber schließlich auf ihren Sitz und zog die Knie bis zum Kinn hoch, um nur ja nicht mit dem Reh in Berührung zu kommen.

Über einen Forstweg fuhren wir kilometerweit mitten in den Wald. Meine Begleitung war auffällig still. Ob sie sich vorstellte, beim nächsten Wildunfall tatsächlich selbst Hand anlegen zu müssen? Wahrscheinlich konnte sie sich auch keinen Reim darauf machen, dass wir – anstatt zurück zur Wache – immer weiter durch den Wald fuhren. Mit großen Augen starrte sie durch ihre hochgehaltenen Beine nach vorn.

Beim Forsthaus angekommen, parkte ich vor der Wildkammer.

»So, bitte mal aussteigen. Ich muss da ran.«

Ich packte das Reh an den Läufen und verfrachtete es per Seilwinde ins Kühlhaus. Bei allem war ich stets darauf bedacht, den Anschein zu erwecken, als gehörte das ganz selbstverständlich zur tagtäglichen Polizeiarbeit.

»Ich fülle noch die Papiere für den Forst aus. Du kannst schon mal die Fußmatte abwaschen. Wasser und Lappen sind dahinten.«

Ich deutete auf ein Außenspülbecken an der Wand des Kühlhauses.

Keine Antwort, keine Reaktion. Wie versteinert blieb sie neben dem Auto stehen. Machte ich eben selbst alles sauber – kein Problem.

Und was soll ich sagen? Wir bekamen den Rest der Nacht noch gut um. Ohne auch noch ein einziges Wort zu verlieren, fuhr sie nach Ende unserer Schicht zurück zu ihrer eigentlichen Dienststelle in der Stadt.

Ich stelle mir vor, welche Augen die Mitschüler oder auch die Ausbilder gemacht haben, als sie später diese Story von ihr hörten. Ob man ihr diese Geschichte geglaubt hat?

Dass sie sich später für eine Dienststelle auf dem Land beworben hat, wage ich zu bezweifeln.

Verfolgungsjagd

Zu meiner Zeit als junger Polizist in Köln gab es ganz andere technische Hilfsmittel als heute. Damals standen Schreibmaschinen auf den Wachen. Von allen Schriftstücken waren Kopien mit blauem Durchschlagpapier anzufertigen. Und wie oft musste man alles neu schreiben, weil sich Fehler eingeschlichen hatten! Die Arbeit mit dem Computer ist demgegenüber schon eine gewaltige Erleichterung. Allerdings hat man heute auch manchmal das Gefühl, man sei als Mensch für den PC da und nicht umgekehrt. Die Flut der Formulare wächst, immer mehr Berichte und Statistiken sind zu schreiben – schließlich hat man hat ja mehr Zeit, weil es einen PC gibt …

Das heißt nicht, dass früher alles besser war. Jede Zeit hat ihre guten und ihre schlechten Seiten. Wenn man den technischen Stand der Fahrzeuge und die Möglichkeiten des Digitalfunks betrachtet, liegen Welten zwischen damals und jetzt.

Nachtdienst. Streife in Köln.

Stolz saßen mein Kollege Wolfgang und ich in unserem neuen Dienstfahrzeug – naja, neu war der VW-Variant nicht gerade, eher schon etwas klapprig. Aber da wir den guten alten Käfer gewöhnt waren, bedeutete der Variant schon einen Fortschritt. Dass man uns blutjungen Polizisten das edle Fahrzeug anvertraute, hob die Laune mächtig.

Gegen drei Uhr früh kam uns an der Auffahrt zur Rheinbrücke ein Mercedes entgegen, proppenvoll mit lauter jungen Leuten. Mit heulendem Motor schrammte der Wagen in die Kurve. Unüberhörbar jazzte der Fahrer im ersten Gang die Kiste mit etwa fünfzig Kilometern pro Stunde durch die Gegend.

»Da ist was oberfaul!«

»Los, wenden und hinterher!«

Dem Mercedesfahrer war nicht entgangen, dass er jetzt die Polizei auf den Hacken hatte. Er gab noch mehr Gas, knallte irgendwie auch andere Gänge rein, kam aber nicht richtig voran. Wir konnten das Kennzeichen ablesen und über Funk zur Leitstelle durchgeben. Zufällig waren gerade Kollegen beim Straßenverkehrsamt und wühlten die Karteikarten auf der Suche nach dem Halter durch. Heute geht so etwas in Sekundenschnelle über den PC, damals war das noch reine Hand- und Kopfarbeit!

Nach relativ kurzer Zeit bekamen wir die Meldung:

»Kennzeichen und Fahrzeug passen nicht zusammen. Das Nummernschild ist kürzlich als gestohlen gemeldet worden.«

Folglich war der Mercedes wahrscheinlich auch gestohlen.

Ein dicker Fisch also, die Bande vor uns! Und nur darum machte die Leitstelle eine Ausnahme: wir Jungspunde mit neuer Dienstkarosse durften die Verfolgung aufnehmen.

»Fahren Sie vorsichtig hinterher, geben Sie ständig Standort durch und überholen Sie auf gar keinen Fall!«

Und das waren dann auch die letzten Worte der Leitstelle aus dem großen schwarzen Telefonhörer. Seinerzeit gab es nur analoge Telefone mit sogenanntem Handapparat zum Hören und Hineinsprechen. In unserem Streifenwagen hing auch so ein Monsterteil. Als Beifahrer war es meine Aufgabe, das Gerät zu bedienen. Ausgerechnet mitten in einem spannenden Einsatz hatte jetzt wohl die Hörmuschel den Geist aufgegeben und ich musste meinen Kopf mit dem Ohr auf die Konsole vor der Windschutzscheibe legen, damit ich noch mit der Leitstelle oder den anderen Kollegen kommunizieren konnte. Auf der Konsole befand sich nämlich auch ein Lautsprecher, aus dem aber meist nur krächzende Geräusche kamen. Wenigstes funktionierte der in diesem Fall aber einigermaßen. Man stelle sich diese Verfolgungsfahrt mal vor: ich lag weit vorgebeugt mit dem Kopf auf der Konsole und kam dauernd dem Kollegen beim Schalten, Lenken und bei der Sicht auf die Fahrbahn ins Gehege. Bei der Hektik und Anspannung flogen zwischen uns die schrägen Sprüche nur so hin und her.

Der Mercedesfahrer gab so viel Gas wie er konnte und fuhr riesige Schlangenlinien. Wie sich später herausstellte, hatte er gar keinen Führerschein und dies war wohl überhaupt seine erste Autofahrt am Steuer. Wir blieben dran und nach kurzer Zeit bog er auf den Autobahnzubringer ab. Dreispurige Fahrbahn! Wenn er jetzt mit diesem PS-starken Wagen Gas gab, wäre unsere Verfolgung schnell zu Ende.

Kollege Wolfgang holte aus dem Variant das Letzte heraus und erreichte tatsächlich immerhin 120 Kilometer pro Stunde. Das Fahrzeug vor uns schleuderte von einer Fahrspur zur anderen. Der Fahrer wollte es uns vielleicht unmöglich machen, zu überholen. Ich glaube aber eher, dass er dieses Fahrzeug überhaupt nicht beherrschte. So kam auch er über 120 nicht hinaus und konnte uns im Variant nicht abschütteln. Der Spruch der Leitstelle »überholen Sie nicht« war komplett überflüssig.

Aber wo blieben die Kollegen, die zur Verstärkung ausrücken sollten?

Nach einigen Kilometern bog der Mercedesfahrer von der Autobahn ab in Richtung Troisdorf. Vielleicht kam uns ja von dort Unterstützung entgegen? Zunächst führte die Fahrt über weite ländliche Gebiete. Das Fluchtfahrzeug hielt die Geschwindigkeit hoch, schleuderte quer über alle Fahrspuren, schoss ungebremst über jede Kreuzung und jede Ampel. Jung und leichtsinnig wie wir waren, fuhren wir in gleicher Geschwindigkeit hinterher. Wir hatten zwar Blaulicht und Martinshorn eingeschaltet, doch das war auch mitten in der Nacht keine Garantie, rechtzeitig gesehen zu werden. Erfahrene Polizisten hätten nie auf diese Weise verfolgt.

Das Glück war gottseidank mit uns und wir erreichten Troisdorf. Mitten im Ort stand ein Streifenwagen auf der Fahrbahn. Der flüchtenden Wagen kurvte in vollem Tempo drum herum und setzte seine halsbrecherische Fahrt unbeirrt fort. Weil Wolfgang sehr mit Schalten und Lenken beschäftigt war und sich im Straßengewirr sehr konzentrieren musste, konnte ich meinen Kopf nicht mehr direkt an den Lautsprecher in der Konsole halten. Funkkontakt hatten wir damit keinen mehr.

Dann kam die Aggerbrücke.

Die Fahrbahn verengte sich und vor der Brücke stand wieder ein Streifenwagen mit Blaulicht. Zwei Kollegen standen draußen und einer schwenkte die Anhaltekelle. Der Mercedes hielt in voller Fahrt auf die beiden Polzisten zu, die sich gerade noch durch einen Hechtsprung in Sicherheit bringen konnten, schleuderte um den Streifenwagen herum, schaffte es wieder auf die Fahrbahn und raste weiter. Ich sah nur, wie die Kelle durch die Luft flog. Plötzlich ging alles sehr schnell: Der Mercedesfahrer lenkte scharf nach links und fuhr in vollem Tempo frontal auf einen abgeschrägten Brückenpfeiler. Durch die hohe Geschwindigkeit raste der Wagen den Pfeiler auf der

Unterseite hoch und stieß auf Höhe einer Straßenlaterne gegen einen Absatz. Das Fahrzeug überschlug sich hoch in der Luft.

Vollbremsung!

Kollege Wolfgang brachte den Variant gerade noch rechtzeitig zum Stehen, da donnerte der Mercedes direkt vor uns auf die Fahrbahn. Viel hätte nicht gefehlt und die dicke Kiste nebst Insassen wäre uns aufs Dach gekracht!

Keine Zeit zum Durchatmen! Schnell raus!

Die Leute aus dem Fluchtfahrzeug waren glimpflich davongekommen, es kletterten sieben Jugendliche aus den Fenstern und wollten Fersengeld geben. Die alle einzusammeln und festzunehmen machte uns und den Troisdorfer Kollegen noch richtig Arbeit. Das einzige Mädchen in der Clique war aus einem Heim abgehauen und musste jetzt zurückgeführt werden. Nur einer von der schnellen Truppe hatte sich verletzt und wurde mit dem Krankenwagen zum Krankenhaus gebracht. Der Kollege, der die Anhaltekelle geschwungen hatte, blieb unverletzt.

Unser Anfangsverdacht bestätigte sich: der Mercedes war natürlich gestohlen und im Kofferraum lagen noch etwa zwanzig weitere entwendete Kennzeichen.

Noch lange saß ich später mit Wolfgang auf unserer Wache vor einem Fernschreiber, auf dem wir unseren Einsatzbericht in Form langer Lochstreifen produzierten. Wehe man leistete sich einen Fehler, dann musste alles wieder neu geschrieben werden. Gut, dass es diese elenden Höllenmaschinen nicht mehr gibt. Gelobt seien der PC und die Mails.

+eee nwkpsso nr 17 0201 0630=

01 koeln an ovd und kripo=

betr.: verfolgung des pkw mercedes -█████-

am 2.1.1974, gegen 03.05 uhr, fiel der besatzung des a █████ de(phw █████, phw carl) der o.g. pkw an der abfahrt deutzer bruecke/mindener str. auf, weil das fahrzeug mit sehr hohen drehzahlen in einem niedrigen gang gefahren wurde. a █████ wendete auf der mindener str. und fuhr hinter dem pkw her. an der kreuzeung deutz-muelheimer str./ constantinstr. passierte das fahrzeug die dortige lza bei rotlicht. hier sah sich der fahrer um , und gab gas, als er die polizei erkannte. die besatzung des a █████ schaltete nun blaulicht und martinshorn ein. die elst █████ erhielt kenntnis. die kreuzung deutz-kalker str./ constantinstr. / oestl. zubringer passierte der fahrer ebenfalls bei rotlicht und fuhr auf dem oestl. zubringer in richtung bab bonn. der fahrer des fahrzeuges lenkte den pkw in sehr starken schlangenlinien ueber alle drei fahrspuren bis zur abfahrt porz-gremberghoven (frankfurter str.). die frankfurter str. wurde in richtung porz weiter befahren. in porz wurden alle ampeln bei rotlicht passiert. hier wurde auch in engen unuebersichtlichen kurven die gegfahrbahn benutzt. in gleicher fahrweise befuhr das fahrzeug die frankfurter str. bis troisdorf. am ortseingang troisdorf-oberlar fuhr der pkw an einem quer zur fahrbahn stehenden fustkw von -█████- vorbei. weitere haltezeichen eines entgegenkommenden fustkw von -█████ wurden ebenfalls nicht beachtet. eine weitere straszensperre durch einen quer gestellten fustkw vor der aggerbruecke in troisdorf wurde umfahren. der auf der frankfurter str. stehende halteposten, der mit dem anhaltestab deutliche haltezeichen gab, konnte sich nur durch einen sprung zur seite in sicherheit bringen, da der mercedes auf ihn zufuhr. hier verlord der fahrer die gewalt ueber das fahrzeug, welches ins schleudern geriet und auf den schraeg stehenden linken brueckenpfeiler zuraste. bedingt durch die ueberhoete geschwindigkeit glitt der pkw den pfeiler hinauf. in etwa 6m hoehe stiesz das fahrzeug an einen absatz am ende des pfeilers, ueberschlug sich und prallte nach rechts auf die fahrbahn zurueck. die im fahrzeug befindlichen personen wurden geborgen und mit einem rtw dem krankenhaus troisdorf zugefuehrt. im rtw fuhren je ein beamter des a █████ und a █████ mit.
der verkehrsunfall wurde von den beamten der polizeiwache troisdorf aufgenaommen.

Da läuft ein Wolf durchs Dorf

Zum Wolf bin ich über den Luchs gekommen.

Der hiesige Forstdirektor hatte mich seinerzeit gefragt, ob ich bereit wäre, als Luchsberater zu arbeiten. Was war jetzt das? Wie sollte ich Luchse beraten? Doch es war einfach nur eine etwas unglückliche Bezeichnung für eine spannende Aufgabe. Das Landesamt für Umwelt-, Natur- und Verbraucherschutz (LANUV) führte ein Monitoring durch, um das seltene Vorkommen von Luchsen zu erforschen. Dazu brauchte man Leute, die bereit waren, entsprechende Spuren zu sammeln und Fundorte zu dokumentieren: Abstriche nehmen an Bisswunden, Haaren oder Kotproben von gerissenen Wild- oder Haustieren, Bestimmen von Pfotenabdrücken und Kratzbäumen. So lässt sich herausfinden, ob tatsächlich ein Luchs der Verursacher war. Es lässt sich sogar feststellen, aus welcher Population er stammt und wie eventuell seine Wanderungen verlaufen. Eine wirklich interessante Arbeit, bei der Erforschung eines so seltenen Tieres zu helfen.

Einige Jahre später erfuhr ich aus der Presse, dass ich zwischenzeitlich auch zum sogenannten Wolfsberater befördert worden war. Eine Nachfrage beim LANUV ergab, dass man alle Luchsberater der Einfachheit halber auch für die Erforschung der Wölfe berufen hatte. Die Sicherung der Spuren erfolgt schließlich mit den gleichen Methoden. Die Bezeichnung ›Berater‹ erhielt allerdings im Zusammenhang mit dem Wolf eine besondere Bedeutung. Nun sollten Landwirte und andere Tierbesitzer informiert werden, wie die Schutzzäune beschaffen sein mussten und wo sie Entschädigungen beantragen konnten, wenn ihre Nutztiere nachweislich von Wölfen gerissen worden waren. Das ist keine einfache Aufgabe, weil die Geschädigten verständlicherweise überhaupt nicht gut auf Wölfe zu sprechen sind, wenn sie ihre oft fürchterlich zugerichteten Tiere auf der Wiese finden. Da braucht es einiges an diplomatischem Geschick und Nervenstärke, immer sachlich die Sache anzugehen und nur die Spuren aufzunehmen. Sich bloß nicht über das Für und Wider der Zuwanderung von Wölfen auf Diskussionen einlassen.

Über das Vorkommen der Wölfe in Osteuropa und ihre Einwanderung aus Richtung der polnischen Grenze war schon viel zu lesen gewesen. Dass die Wölfe aber so schnell, innerhalb von einigen wenigen Jahren im Hohen Venn und in der Eifel auftauchen würden, hatte ich nicht erwartet. Der Rüde Gw926R war der erste, mit dem ich es zu tun bekam. Er riss über einige Zeit mehrere Schafe und bescherte mir so manchen Einsatz. An den grausamen Anblick der getöteten und angefressenen Weidetiere kann ich mich bis heute nicht gewöhnen und verstehe nur zu gut die Verzweiflung der Tierhalter.

Um Gw926R war es schon länger ruhig geworden, das Wolfsvorkommen im Monschauer Land fast vergessen, da erhielt ich einen Anruf: im Nachbardorf sei ein Wolf aufgetaucht, laufe am helllichten Tag dort herum und zeige keine Scheu vor Menschen, ja nähere sich ihnen sogar! Leider war ich in den nächsten zwei Stunden unabkömmlich. Dann erhielt ich einen weiteren Anruf von einem anderen Wolfsberater aus dem Nachbarbezirk. Er schilderte mir, was sich bisher ereignet hatte:

Eine Tierschützerin aus dem Ort war dem Wolf auf eine Wiese gefolgt. Sie hatte ihn mit Futter angelockt und ihm eine Leine umgelegt. Dann war sie mit dem Tier mitgelaufen, hatte aber die Richtung nicht bestimmen können, weil es sofort aggressiv reagierte. Völlig ratlos telefonierte sie um Hilfe. Das konnte ja nun kein wilder Wolf sein. Es musste sich wohl um einen Hund handeln oder um einen Wolf, der aus einem Gehege entkommen war. Vielleicht war es auch ein Hybrid oder ein Wolfshund aus einer Züchtung. Jedenfalls schien das Tier einen gewissen menschlichen Kontakt gewöhnt zu sein.

Nach einiger Zeit waren erfahrene Hundeleute von einem Schutzhundeverein mit einem Hundetransportanhänger an der Wiese eingetroffen. Mein Kollege hatte versuchte, das Tier in den Hänger zu bugsieren, war aber umgerissen und von dem Wolf ein Stück hangabwärts gezogen worden. Dennoch hatte er es geschafft, die Leine um einen Pfahl zu werfen. Leider war er dabei so heftig in die Hand gebissen worden, dass er komplett außer Gefecht gesetzt war. Das Tier konnte aber erstmal nicht mehr weg.

»Du musst das jetzt übernehmen«, sagte er zu mir am Telefon.

Na, herzlichen Glückwunsch! Eigentlich ist der Wolfsberater nur zum Spurensichern da und nicht zum Einfangen von Wölfen. Doch es war keine Zeit für Grübeleien …

Ich schnappte mir zuhause ein großes Netz, mit dem man sonst Ladung auf einem Anhänger sichert und saß schon im Auto, als mir etwas Wichtiges einfiel. Ich griff zum Telefon, wählte die Nummer der hiesigen Polizeiwache:

»Polizeiinspektion 2, Bezirksdienst Süd, Polizeihauptkommissar Müller –

Guten Tag.«

»Hier ist Carl, Hermann Carl. Auch einen guten Tag, Herr Müller. Hier läuft ein Wolf durchs Dorf und wir brauchen dringend die lange Stange mit der Fangschlinge aus der Polizeiwache. Können wir die bitte leihweise haben?«

»Ähm, ja, soso ein Wolf …«

Ich war ja schon einige Jahre pensioniert, der Kollege auf der Wache kannte mich nicht

»Ich bin offizieller Wolfsberater im Auftrag des Landesamts für Natur, Umwelt und Verbraucherschutz. Wir müssen einen Wolf einfangen und ich erinnere mich, dass es da eine Hundefangstange gibt. Die brauchen wir unbedingt, sonst kommen wir dem Tier nicht bei.«

»Also, Herr Carl, da kann ich Ihnen leider nicht helfen. So 'ne Stange gibt's hier nicht. Da bin ich sicher, kenne mich wirklich gut aus und hab' sowas hier noch nicht gesehen.«

»Würden Sie bitte mal in den grünen Schrank schauen, der hinter Ihnen steht. Wenn Sie die rechte Tür öffnen, sehen Sie den Sicherungskasten. Genau da drunter muss die Stange liegen. Ich habe das Gerät in meiner aktiven Zeit mehrmals eingesetzt. «

Ich hörte ihn kramen und siehe da, er wurde fündig:

»Tatsächlich, da ist ja das Teil. Woher wussten Sie das?«

»Weil ich selbst über dreißig Jahre lang auf Ihrem Stuhl als Kollege gesessen habe.«

»Ich lasse Ihnen die Stange gleich bringen. Wo ist denn genau der Fundort des Wolfes?«

Als ich kurz darauf an der Wiese im Nachbardorf eintraf, war der Streifenwagen mit der Fangstange schon da. In sicherer Distanz zum Geschehen standen viele Zuschauer. Der Wolf war umringt von der

Naturschützerin mit ihrem Begleiter und den zwei erfahrenen Hundeleuten. Nach einigen vergeblichen Versuchen gelang es einem von ihnen, den Wolf in die Schlinge an der Fangstange zu bekommen, der andere nahm sich dann die Leine. Aber wie sollte das Tier jetzt in den Anhänger. Er musste reingehoben werden, weil die rundum geschlossene Kiste nur hinten eine Tür hatte. Ich versuchte jetzt, das Netz über das Tier zu werfen. Aber sehr geschickt arbeitete es sich bei jedem Versuch wieder heraus. Nicht einmal sein Kopf war in das Netz zu bekommen. Als ein Hundeführer probierte, den Wolf mit der Stange in den Hänger zu heben, brach sie zur Hälfte durch, das mächtige Tier war zu schwer. Beim zweiten Versuch ging die Stange endgültig entzwei, aber wenigstens hatte er den Wolf mit dem Vorderteil in den Hänger heben können. Sein Kollege griff beherzt dem Tier unter die Hinterkeulen und schob ihn in den Anhänger. Schnell schlossen wir die Tür und schnitten noch die Fangschlinge mit einer Zange durch, damit er davon befreit war.

Jetzt sollte das Tier zum Hundezwinger des städtischen Ordnungsamtes, doch da war niemand zu erreichen. Es gab aber einen Bereitschaftsbeamten, bei dem erstmal alle Anfragen eingingen. Allerdings saß der in der Stadtkämmerei, kannte sich mit kommunalen Finanzen aus. In Sachen Wolfsunterbringung war er der falsche Ansprechpartner. Zudem befand sich der städtische Zwinger in einem eingezäunten Garten. Man hätte das aggressive Tier an der Leine etwa dreißig Meter weit führen müssen. Absolut ausgeschlossen!

Nach kurzer Beratung fuhr ich mit dem Wolf im Anhänger nach Hause, stellte ihn in einer Scheune ab. Dem Tier gab ich noch Futter und Wasser in Reichweite, doch das wurde nicht angerührt.

Am folgenden Tag brachte ich in Absprache mit dem LANUV den Wolf zu einem erfahrenen Tierarzt. Der sollte ihn betäuben, damit er anschließend ohne großes Risiko in den Tierheimzwinger gebracht werden konnte. Eine Entscheidung, was mit dem Wolf endgültig zu geschehen habe, war nicht einfach zu treffen.

Um die Betäubungsspritze zu setzen, nahm der Tierarzt ein Blasrohr zu Hilfe. Die erste Ladung traf genau die Keule des Tieres, aber ein Erfolg stellte sich nicht ein. Also eine zweite Ladung, das Blasrohr durch die Gitterstäbe des Anhängers geschoben und wieder auf die Keule. Blitzschnell drehte der Wolf den Kopf und schnappte im Bruchteil einer Sekunde die Spritze aus der Luft. Das geschah wirklich so schnell, dass wir es mit dem Auge kaum hatten erfassen können. So wurde die dritte Spritze ins Blasrohr eingelegt. Ich stocherte mit einem Stock zwischen den Stäben im Käfig herum und lenkte den Wolf ab. Der biss so kräftig und in rasend schneller Folge hinein, dass es sich anfühlte, als hätte ich den Stock in einen Schredder gesteckt. Was für eine unglaubliche Beißkraft! Jedenfalls brauchte es vier Ladungen Betäubungsmittel, bis der Wolf endlich schlief. Nach Angaben des Tierarztes sollte das Tier jetzt für etwa zwei Stunden ruhiggestellt sein. Zügig entnahm ich Genproben unmittelbar aus dem Speichel im Fang und zog auch einige Haare mit Wurzel heraus. Jetzt schnell mit Hänger und wilder Fracht zum Tierheim.

Als ich nach dreißig Minuten dort ankam, stand der Wolf schon wieder aufrecht. Zwei Mitarbeiter des Tierheims kamen mit Fangstangen, legten sie durch die Gitter um den Hals des Tieres. Die Türe wurde geöffnet und das Tier kam heraus. Von wegen Betäubung – mit zwei, drei energischen Kopfschlenkern befreite es sich aus beiden Schlingen. Jetzt lief der Wolf frei auf dem Hof herum. Alle Hunde aus den Zwingern bellten ohrenbetäubend. Wie ein Betrunkener irrte er umher. In dem Chaos ließ er sich nicht mehr in die Schlingen legen. Um ihn möglichst gefahrlos in die gewünschte Richtung dirigieren zu können, nahmen wir dann Kunststofftafeln, halb so groß wie eine Tür, und bildeten damit eine Art Mauer. So trieben wir ihn durch mehrere Gänge. Der letzte Gang war eine Sackgasse, hier konnten die Schlingen wieder zum Einsatz kommen.

Gottseidank wirkte doch noch genug Betäubungsmittel, so dass der Wolf tatsächlich zu packen war. Im klaren Zustand wäre er hier glatt über uns alle weggesprungen. Mit viel Kraft und Mühe steckten wir ihn schließlich in einen Zwinger.

Heute lebt er in einem zugelassenen Wolfsgehege in Bayern. Unter seiner Haut fand sich ein Chip aus Weißrussland. Die Analyse der Genproben ergab, dass er circa zehn Prozent ›Hundeanteil‹ hatte und es sich also um einen Wolfs-Hybriden handelte. Von einem solchen Tier, das menschliche Nähe in gewisser Weise gewöhnt ist, geht eine zu große Gefahr für die Bevölkerung aus – wie die Ereignisse zeigten. Daher darf es in unseren Breiten nicht in freier Wildbahn umherstreifen.

Das machen wir immer so

Es war in den ersten Wochen, als ich in der Großstadt als Streifenpolizist auf die Bevölkerung losgelassen wurde. Ich hatte keine Ahnung von dem, was mir da begegnen würde. Die älteren Kollegen führten mich meist sehr gut durch all die aufregenden Situationen und ich bewunderte ihre Ruhe und Gelassenheit. Mit ihrer Erfahrung und viel Improvisationstalent konnten sie so ziemlich jede Situation meistern. Leider lernte ich auch unmögliche Kollegen kennen, die überhaupt nicht mit Menschen umgehen konnten oder auch sehr leichtsinnig waren. Zum Glück gab es nur wenige davon. In einem meiner ersten Nachtdienste hatte ich gerade so einen erwischt. Eine Stunde vor Dienstende bekamen wir den Einsatz: »Handgranatenfund im Schrebergarten.«

Mein Kollege war bedient:

»So ein Mist! Ich wollte pünktlich Feierabend machen. Jetzt müssen wir noch auf den Kampfmittelräumdienst warten und das kann dauern.«

Beim Schrebergarten angekommen zeigte uns der Besitzer, welch brisanten Fund er beim Aufharken des Beetes gemacht hatte: Stücker sechs Handgranaten lagen fein säuberlich nebeneinander auf dem Boden. Was ein Glück, dass keine hochgegangen war!

Was tun damit?

Der Kollege, den Feierabend fest im Blick, fackelte nicht lange und sagte zu mir den Satz, den ich nie vergessen habe: »Komm, wir machen jetzt, was wir immer machen.«

Was wusste ich als Neuling, was die ›immer machen‹?

»Setz dich schon mal ins Auto, geht gleich los.«

Da saß ich auf dem Beifahrersitz und sah, wie er sich vom Schrebergärtner eine alte Zeitung geben ließ. Die legte er mir auf den Schoß, ging zum Beet, nahm die dreckverschmierten, stark rostigen Wurfgeschosse hoch und legte sie mir in aller Seelenruhe auf die Knie. Tür zu und ab Richtung Rheinbrücke.

Mir war sehr unwohl bei dieser Fahrt. Natürlich wollte ich als Neuling nicht für feige gehalten werden und sagte kein Wort. Ich lenkte mich ab mit dem Gedanken, dass die Kollegen das ja wohl immer so machten, aber geheuer war mir die Sache nicht.

Auf der Brücke angekommen, hielt der Kollege an.

»Hopp, aussteigen und bring die Dinger mit.«

Ganz vorsichtig kletterte ich aus dem Wagen, die Zeitung mit der heiklen Fracht auf den Händen. Wie selbstverständlich nahm der Kollege eine Handgranate nach der anderen und ließ sie völlig entspannt runter ins Wasser plumpsen. Bei jedem Wurf glaubte ich, einen Explosionsgeräusch hören zu müssen. Aber ruhig und mit einem leichten Platsch versanken alle im Rhein.

Später auf der Wache erzählte ich von der Aktion und dass ich mich schon über die hemdsärmelige Art der Sprengstoffentsorgung wunderte. War dabei denn wirklich noch nie was passiert? Alle schlugen entsetzt die Hände über dem Kopf zusammen. Von wegen ›das machen wir immer so‹ – nix da!

Aber der Kollege hatte seinen wohlverdienten Feierabend ohne Bohei gerettet.

Zwei wilde Stiere

Der Tierarzt meldete sich aufgeregt auf der Wache und bat um Amtshilfe.

Im Dorf war ein Mann gestorben, der zwei Stiere besaß, riesengroße Charolais-Bullen, reinste Fleischberge. Da sich längere Zeit niemand um die Tiere gekümmert hatte, waren beide total verwildert. Auf der Weide gab es nichts mehr zu fressen, da bestand natürlich die Gefahr, dass die Bullen ausbrechen und den Ort unsicher machen. Nun sollten sie auf der Weide eingefangen werden. Mit der Aktion hatte das Veterinäramt den in solchen Dingen erfahrenen Tierarzt beauftragt. Doch ganz so einfach war die Sache nicht.

Dem Veterinär war es gelungen, mit Lockfutter so nah an die Rinder heranzukommen, dass er mit dem Blasrohr versuchen konnte, eine Betäubungsspritze zu setzen. Dummerweise war das Blasrohr aber zu eng, um eine solch große Ampulle aufzunehmen, wie sie für die Betäubung derartiger Kolosse nötig war. Na, dann nehmen wir eben zwei Ampullen pro Tier und lassen die schnell nacheinander ins Ziel flitzen, dachte sich der Tierarzt. Schon nach dem ersten Schuss war sein ›Plan B‹ am Ende. Die Stiere flüchteten und ließen niemanden mehr näher als auf vielleicht achtzig Meter heran. Für das Blasrohr natürlich viel zu weit.

Nach Rücksprache mit dem Veterinäramt hieß es schließlich »Feuer frei«. Die Bullen sollten erlegt werden. Aber wer schießt? Ein Schütze allein würde schwerlich beide Tiere kurz hintereinander fach- und tierschutzgerecht treffen. Da musste ein Polizist her und zwar der mit den Jagdgewehren – schon war ich im Rennen.

Meinem Chef passte das ganz und gar nicht. Dem ›Amtshilfeersuchen‹ des von der Kreisbehörde legitimierten Tierarztes konnte er sich aber auch nicht so einfach verweigern. So sollte ich am nächsten Morgen den Einsatz außerhalb des Dienstes in Zivilkleidung erledigen. Ein Polizeikollege war abgestellt, den in Schussrichtung verlaufenden Weg abzusperren, damit dort beim morgendlichen Spaziergang mit Hund niemand gefährdet wurde.

Der Morgen begann zu dämmern. Den Tierarzt traf ich an verabredeter Stelle. Leise und möglichst unauffällig gingen wir zu dem Platz, den wir am Vorabend bereits ausgewählt hatten. Die lange Weide war an drei Seiten mit Häusern umstanden, Schüsse in diese Richtung also völlig unmöglich. In der Mitte der Weide befand sich eine kleine Senke und genau da standen beide Stiere. Misstrauisch äugten sie zu uns herüber, immer auf Sicherheitsabstand bedacht. Ich hatte mir vorgenommen, den Schuss auf den Kopf abzugeben. Die Kugel sollte genau das Gehirn treffen – ein schwieriges Unterfangen, weil auch bei so großen Tieren dieses Organ ziemlich klein ist und man genau wissen muss, wo es in dem großen Schädel tatsächlich sitzt.

Die Stiere fixierten uns, jederzeit zur Flucht bereit.

Ich hatte einen Sitzstock dabei und ein Fotostativ, damit ich sorgfältig und einigermaßen ruhig auflegen konnte. Es war verabredet, dass ich den rechtsstehenden Stier erlegen sollte. Der Tierarzt ging mit seinem Gewehr auf den linken Stier in Anschlag. Es war wichtig, beide Schüsse zugleich, oder ganz kurz hintereinander abzugeben, damit keines der Tiere entkam.

Ruhig zielte ich auf den Bullen, hielt kurz die Luft an und krümmte wie beiläufig ohne Druck den Finger am Abzug. Der Schuss brach. Wie ein Klotz fiel der Stier zu Boden. Sicherheitshalber repetierte ich sofort und nahm den andern ins Visier. Da krachte neben mir der Schuss und auch der zweite Stier lag.

Anders als bei der Jagd üblich, wo es geboten ist, nach dem Schuss eine Weile zu warten bevor man zum erlegten Stück geht, liefen wir sofort zu den Bullen hin. Sie sollten schnellstmöglich verarbeitet werden. Mit unseren Messern öffneten wir die Halsschlagadern zum ordnungsgemäßen Ausbluten. Schon kam ein Landwirt mit Traktor, hob die Tiere mit dem Frontlader hoch und brachte sie direkt zum Metzger.

Mir fiel ein Stein vom Herzen, alles war glatt gelaufen.

De Polisse

Für einen Streifenpolizisten in der Eifel ist es immer gut, wenn er die Sprache der Leute versteht. Noch besser natürlich, wenn er sie auch selbst spricht. Mein Kollege und ich waren beide hier vom Land und redeten hin und wieder auch ›Platt‹. Vor allem ältere Leute waren oft sehr erleichtert, dass sie mit uns sprechen konnten, wie ihnen ›der Schnabel gewachsen war‹. Nicht selten entwickelte sich eine solche Unterhaltung zur wirklich komischen Nummer …

Wir mussten einen Verkehrsunfall zwischen einem PKW und einem Traktor aufnehmen. Der junge Traktorfahrer hatte aber keinen Führerschein dabei.

»Dä is bei Mamm doheem.«

Nun, ohne die Daten aus dem Führerschein kamen wir natürlich nicht weiter. Also fragte ich den Nachwuchsbauern, wo denn bei ›Mamm doheem‹ sei. Gemeinsam fuhren wir hin. Es war ein kleiner Bauernhof, der im Nebenbetrieb bewirtschaftet wurde, wie so oft auf den Eifeldörfern. Leider werden auch diese Höfe immer weniger.

›De Mamm‹ machte die Tür auf und hatte zwei Polizisten in voller Uniform vor sich. Wir klärten sie auf, warum wir da waren:

»Ihr Sohn hatte einen Unfall mit dem Traktor. Nur ein kleiner Sachschaden, Ihrem Sohn ist nichts passiert. Aber wir brauchen seinen Führerschein für die Unfallaufnahme.«

Vielleicht hatte sie in ihrem Leben noch nie mit Gesetzeshütern zu tun gehabt, denn sie war fast sprachlos vor lauter Respekt. Sicherheitshalber beschloss sie, sich sehr vornehm auszudrücken:

»Isch wees net, wo dä Sching es. Isch moss minge Mann ens roffe. Also isch muss minge Mann ens rufe, kommen se herein«, verbesserte sie sich leicht gezwungen in Hochdeutsch mit Knubbeln.

Die brave Bauersfrau führte uns ins Wohnzimmer, die vornehme Stube, welche nur in Ausnahmefällen und bei besonderen Anlässen benutzt wurde, zeigte auf die Sessel und sagte:

»Setzt üch ene Deu.«

Wir setzten uns nicht und so wiederholte sie den Satz:

»Nu setzt üch doch ene Deu. Isch muss minge Mann ens roffe«, ging im Flur zum Fenster des Hinterhofes und tönte laut hinaus:

»Pitt-Jupp, konn ens erinn, he sin de Polisse!«

Sichtlich erschrocken über sich selbst drehte sie sich um und verhochdeutschte eilig die zweite Satzhälfte:

»He sin Männer von de Polizei!«

Nachdem wir schließlich das Dokument in Händen hatten, notierten wir die Daten, bedankten uns und machten uns zügig vom Hof, damit wir endlich unseren Lachmuskeln freien Lauf lassen konnten.

Der Haus-, Hof- und Gerümpelwart unserer Polizeidienststelle versuchte immer wieder, Hochdeutsch zu sprechen. So erklärte er einmal dem Dienststellenleiter seine besondere Art, den Hof vom Eis zu befreien. Als dieser skeptisch wurde, verteidigte er seine Arbeitsweise mit den Worten:

»Das geht, das haben wir schon döcker (öfter) gemacht.«

Im nächsten Jahr schaffte er sich einen Hund an, auf den er sehr stolz war. Ich fragte ihn, ob es ein Rüde sei?

»Nein«, antwortete er, »es ist eine Rüdin!«

Hätte er platt gesprochen, wäre die Antwort bestimmt eindeutiger ausgefallen:

»Et is e Wiffje«.

Hochdeutsch ist halt nicht immer die beste Wahl, um in der Eifel auch richtig verstanden zu werden.

Die versaute Motorhaube

Wer kennt sie nicht, die dreieckigen Warnschilder mit rotem Rand und dem munter springenden Hirsch: Achtung Wildwechsel!

In den Morgen- und Abendstunden zieht das Wild aus dem Wald zu seinen Äsungsplätzen und wieder zurück in seine Ruhebereiche, die Einstände. Während der Brunftzeit im Juli und August laufen Rehe oft blindlings auf vielbefahrene Straßen, die Ricke vorneweg und der liebestolle Bock hinterher. Beim Liebesspiel treibt der Bock seine Auserwählte oft stundenlang bis sie stehen bleibt und zur Paarung bereit ist. Dabei gibt es kein Auge für den Straßenverkehr. Und bei richtig heißem Sommerwetter sind die Rehe auch am Tag unterwegs, wenn kaum ein Autofahrer mit Wildwechsel rechnet. Sind die Straßenränder gemäht und frisches, grünes Gras ist nachgewachsen, steht das Wild auch gerne in den Straßengräben und lässt es sich tüchtig schmecken. Scheinbar unbeeindruckt vom vorbeirauschenden Verkehr äsen die Tiere, doch plötzlich schreckt eines auf, springt auf die Fahrbahn und wird von einem Auto erfasst. Wildschweine reißen mit Vorliebe den Grünstreifen auf, weil die Wiesenschnaken hier viele dicke Engerlinge hinterlassen haben. Auf das tierische Eiweiß sind die Sauen versessen. Heftige Zusammenstöße mit Autos sind da fast vorprogrammiert, zumal Warnschilder von Autofahrern kaum beachtet werden und sie nicht mit wilden vierbeinigen Verkehrsteilnehmern rechnen.

Als Polizist auf dem Land hatte ich häufig mit solchen Vorfällen zu tun.

Eines späten Sommerabends war ich mit dem Kollegen unterwegs zu einem Verkehrsunfall mit Wildschwein. Das Tier, ein sogenannter Überläufer im zweiten Lebensjahr und noch nicht ausgewachsen, lag tot im Straßengraben. Es war frontal von einem Auto erfasst worden, sein Haupt zerschmettert. Der Autofahrer hatte keine Verletzungen erlitten und war mit dem Schrecken davongekommen. Sein Fahrzeug war allerdings so schwer demoliert, dass es abgeschleppt werden musste.

Bald war alles geklärt und protokolliert. Der Unfallfahrer wartete noch auf den Abschleppdienst und wir zwei Polizisten standen vor der Frage, wohin mit dem toten Wildschwein? Die Einsatzleitstelle konnte weder den Jagdpächter noch den Jagdaufseher oder sonst eine zuständige Person erreichen. Was nun? Einfach liegenlassen war keine Lösung. Als Jäger war mir klar, dass das Stück bei der sommerlichen Hitze in kürzester Zeit verderben würde. Das wertvolle Wildfleisch wäre nicht mehr zu gebrauchen.

Kurz entschlossen zog ich mein Jagdmesser, das ich aus lieber Gewohnheit immer am Gürtel trug und begann, das Wildschwein fachgerecht aufzubrechen. Vor den entsetzten Augen des Kollegen und des wartenden Autofahrers schnitt ich dem Tier den Bauch auf, durchtrennte das Brustbein und entnahm mit bloßen Händen die Innereien. Um es ausbluten zu lassen, musste es angehoben und etwas aufgerichtet werden. Zum Glück war das Schwein nicht allzu schwer, denn es wollte keiner der beiden Zuschauer mit anpacken …

Nun war das Tier zwar ausgenommen, der Verderb etwas gebremst, aber im Graben konnten wir es trotzdem nicht liegen lassen. So schnell wie möglich sollte es nun an luftiger, schattiger und möglichst kühler Stelle aufgehängt werden, sonst wäre alle Arbeit für die Katz. Am besten ab damit zur Wache.

Im Kofferraum des Streifenwagens war kein Platz. Auf der Rückbank hatte zwar schon so manches zweibeinige Ferkel gesessen, aber so ein frisch aufgebrochener, bluttriefender Körper konnte selbstverständlich nicht auf die guten Polster gebettet werden. Nach längerem gutem Zureden bekam ich schließlich den Kollegen dazu, die Hinterläufe zu packen. Ich griff mir die Vorderläufe und wir hievten die schwarze Sau auf die Motorhaube.

Was für ein Bild!

Ganz langsam fuhren wir los Richtung Wache. Den direkten Weg konnten wir aber nicht nehmen. Da ging es unterwegs steil bergab, die notdürftig festgebundene Sau wäre uns glatt von der Haube gerutscht. Also auf der Höhestrecke bleiben und einen kleinen Umweg über das nächste Dorf fahren.

Womit wir nicht gerechnet hatten, war die Disco.

Ein lauer Sommerabend, Wochenende, die halbe Eifeljugend stand vor der Tür auf der Straße versammelt, als sich unser Streifenwagen langsam dem Spaßbunker näherte.

Ausweiskontrolle? Alkoholtest? Führerscheine? Drogen?

Nein – diesmal waren wir Polizisten keine Spielverderber, wir hatten andere Probleme. Ist doch völlig normal, mit einem Wildschwein auf der Haube des Polizeiautos Streife zu fahren! Oder? Pokerface hinter dem Lenkrad. Hab' ich da eben »Bullenschwein« gehört …? Ich werde die Blicke der Discobesucher nie vergessen.

Endlich auf der Wache angekommen, hängten wir das Schwein an einer Treppenleiter in der kühlen Garage auf, spreizten den Brustraum, damit es gut auslüften konnte und reinigten sehr sorgfältig die Motorhaube. Am anderen Morgen konnte endlich der Jagdpächter benachrichtigt werden. Er holte sich sein Wildschwein auch prompt ab, ohne Danke zu sagen. Ich bin überzeugt, dass er wohl kaum bei einer anderen Polizeistation einen solchen Service bekommen hätte.

Rotlicht

Bekanntlich gibt es Menschen, Verkehrsteilnehmer, um genau zu sein, die glauben, dass eine rote Ampel nicht viel zu bedeuten hat. Bei ›Dunkelgelb‹ wird munter durchgerauscht, und wenn es zu knapp wird, nochmal schnell Gas gegeben. Kreuzungen, die als Unfallschwerpunkt berüchtigt waren, hatten wir als Polizisten häufig zu überwachen und eines Tages beobachteten wir einen Zeitgenossen, der mit Vollgas versuchte, noch bei Gelb durch zu kommen. Dazu reichte es aber nicht, er passierte die Ampel deutlich bei tief Dunkelrot – klarer Fall!

Kurz hinter der Kreuzung fischten wir ihn aus dem Verkehr und konfrontierten ihn mit dem Vorwurf, bei Rot über die Ampel gefahren zu sein. Der Kandidat stritt energisch alles ab und so notierte mein Kollege seine Personalien für eine entsprechende Anzeige wegen Ordnungswidrigkeit. Damals war es nötig, den Beruf des Betreffenden mit aufzunehmen und dabei entwickelte sich folgendes Gespräch:

»Nennen sie mir bitte ihren Beruf.«

»Ich bin Postoberrat.«

»Also Postbeamter.«

»Nein, ich bin Postoberrat!«

»Ja, hab' ich verstanden, Postbeamter.«

»Nein ich habe deutlich gesagt: Post-Ober-Rat!«

»Also doch Postbeamter, wie jeder andere Briefträger auch.«

Das verschlug dem Mann doch tatsächlich die Sprache, Widerreden gab es keine mehr. Natürlich schrieb der Kollege ›Postbeamter‹ in die Anzeige, die dem Herrn Autofahrer dann ins Haus flatterte.

Zurück im Funkwagen konnten auch wir Amtspersonen dann ungestört herzhaft über den Vorfall lachen.

Siedlung am Grauen Fels

In dieser Siedlung war einfach alles grau: graue Baracken, graue Straßen, Dreck und Müll in jeder Ecke. Abfall, verfallene Treppen und Mauern, faule Gerüche, dunkle Gestalten und vor allem die dunkelgrauen Seelen der Menschen, die in dieser Großstadtsiedlung mehr schlecht als recht lebten. Hier regierte meist der Alkohol das Leben und zwar schon von Kindesbeinen an. Selbst die Babys bekamen schon mal Bier eingeflößt, damit sie ruhig waren und die Eltern nicht störten. Jedes Ereignis wurde von den Nachbarn und den Gangs ausgiebig mit Alkoholexzessen gefeiert.

Einmal hatte ich dort einen Einsatz wegen eines toten Babys. Die Eltern waren bei einem solchen Gelage versackt und hatten ihre Kinder vollkommen vergessen. Das Baby ließen sie verhungern und verdursten. Die Geschwister hatten schließlich die Polizei gerufen. Wir machten die Eltern ausfindig. Sie kamen kurz in ihre Wohnung, trauerten gerade mal eine Minute und wollten dann wieder zum Gelage, um ihren Schmerz zu ertränken. Was soll denn aus den Kindern in solch einer Umgebung werden?

Ein fürchterliches Viertel, wo sich die Polizei leider häufig aufhalten musste. Meist fuhren wir mit drei Streifenwagen dorthin. Zwei Besatzungen gingen zum Einsatzort und eine blieb bei den Fahrzeugen. Schließlich wollten wir sicher sein, dass nach Einsatzende auch komplett alle Antennen, Spiegel und Blaulichter vorhanden waren – und die Streifenwagen beulenfrei.

In späteren Jahren hatten die Stadtväter dazugelernt. Solche Viertel wurden aufgelöst und die Familien in der ganzen Stadt verteilt, um eine Ghettobildung zu verhindern. Das war zwar kein Allheilmittel, aber entzerrt hat es die Brennpunkte zumindest ein wenig.

In der berüchtigten Siedlung am Grauen Fels gab es auch komische Vorfälle.

Aus einer der Baracken war wüstes Geschrei zu hören, Fensterscheiben splitterten. Wie gewohnt, gingen wir mit vier Polizisten in die Wohnung, bereit, irgendwelche Kampfhähne zu trennen oder einen tobenden Ehemann aus dem Verkehr zu ziehen.

Aber von wegen …

Ein frisch verlobtes Pärchen, beide so etwa um die Siebzig, durchlebte eine ernsthafte Beziehungskrise. In der Küche stand die Frau mit wirrer Frisur, in der noch hier und da ein Lockenwickler hing. Sie war bekleidet mit etwas Undefinierbarem aus dreckigem Stoff, vielleicht ein total vergammeltes Nachthemd oder die traurigen Reste eines Morgenmantels. Die Spuren der letzten Mahlzeiten waren darauf noch gut zu erkennen. Auf der Herdplatte köchelte eine Suppe, von der sie sich gerade eine Tasse gefüllt hatte. Die hielt sie in der Hand und der Inhalt schwappte gefährlich, wenn sie vor Wut schreiend ihren Verlobten beschimpfte und bei jedem Wort heftig auf den Boden stampfte. Ihre Füße steckten in zerschlissenen Latschen, aus deren Löchern lange, schmutzige Zehennägel hervorlugten. Ihr Verlobter, ein hageres Männlein, stand auf der anderen Seite des Küchentisches in einer Unterwäschegarnitur aus militärgrünem Flanellstoff mit vielen Mottenlöchern. In der Hose, deren Hinterteil bis in die Kniekehlen hing, steckten zwei dünne, stark ausgeprägte Sichelbeine. Aus dem Unterhemd ragte ein schmales Gesicht mit kräftigem Hinterkopf und schütterem Haarkranz. Die gebogene Nase zierte eine altmodische, schwarze Hornbrille. Der Herr des Hauses blieb seiner

Herzensdame keine Schimpfworte schuldig. Aus dem fast zahnlosen Mund kamen vor lauter Aufregung unartikulierte Schreie mit einem sehr hellen Stimmchen. So wie es ringsum aussah, gingen die zerbrochenen Fensterscheiben ebenfalls auf sein Konto.

Ein Kollege versuchte, die beiden zu beruhigen – ohne Erfolg. Das Zetern und Zanken wurde nur noch schlimmer. Als nichts fruchtete und der Krach immer wüster wurde, verlor er die Geduld, fasste das Sichelmännlein rechts und links an den Schultern und drückte es nach hinten. Mit einem energischen »Jetzt sind Sie endlich ruhig und setzen sie sich mal hin!« wollte er den Mann auf einen Hocker setzen – oder auf das, was er wohl für einen Hocker hielt. Es war aber ein kleiner Beistelltisch, auf dem ein frisch gebratenes Spiegelei stand. Mit dem überdimensionalen Hintern in der Flanellhose landete der Streithahn genau in diesem Ei. Vermutlich war es noch sehr warm, denn er war augenblicklich ruhig, bekam große Augen und regte sich nicht mehr.

Seine Verlobte hatte das Unglück kommen sehen, als der Kollege ihren Mann in Richtung Ei steuerte. Sie wollte ihn noch davon abhalten, kam aber zu spät. Nach vollendeter Tat trat mein Kollege einen Schritt zurück und rempelte dabei die Frau an. Mit einem Klatsch flog die volle Suppentasse an die Wand und zerbrach. Als die Xanthippe sah, wie die Nudeln an der Tapete herunterliefen, fiel ihr der keifende Mund zu.

Stille!

Wir hatten unser Ziel erreicht.

Zu dritt schoben wir den verdutzten Kollegen aus der Wohnung. Er hatte die Sache mit dem Spiegelei gar nicht mitbekommen. Wir erklärten ihm seine ›Schandtat‹ und konnten uns vor Lachen kaum halten. Das war slapstick at it's best, wie aus der Feder von Charlie Chaplin.

Absolute Respektlosigkeit

Eine unangenehme Aufgabe bei der Polizei ist das Verteilen von sogenannten ›Knöllchen‹, also das Ausstellen eines Strafzettels mit Verwarnungsgeld bei einer Ordnungswidrigkeit. Ohne Polizeikontrollen gäbe es wahrscheinlich Chaos im Straßenverkehr und so mancher Zeitgenosse würde mit nicht verkehrssicheren Fahrzeugen sich und andere gefährden, Geschwindigkeitsbeschränkungen nicht einhalten, LKW überladen, Fahrzeiten überziehen, tüchtig ins Glas schauen und mit Alkohol im Blut nach Hause fahren, das Auto nicht versichern, ohne Fahrerlaubnis unterwegs sein …

Im Alltag eines Streifenpolizisten ist es oft nicht einfach, bei kleinen Verfehlungen oder ernsthaften Verstößen den richtigen Ton zu treffen, damit der betreffende Mitbürger die Botschaft auch wirklich versteht. Mal hilft schon ein wohlgemeinter Ratschlag mit einer mündlichen Verwarnung, manchmal muss auch wirklich hart durchgegriffen werden. Bei Verkehrsteilnehmern ist es oft schwer, Einsicht und Verständnis für die Maßnahmen zu bekommen und Respekt wird der Polizei immer weniger entgegengebracht.

So stand ich einmal mit meinem Kollegen an einer Zufahrtsstraße zu unserem wunderschönen Eifeler Seengebiet. Wir waren mit der Unfallaufnahme eines Bagatellschadens beschäftigt, als ein Radfahrer in sportlicher Kluft sich die kurvenreiche Strecke an uns vorbei bergauf kämpfte. Er fuhr mitten auf der Landstraße, obwohl es einen gut ausgebauten Radweg gab. Laut und deutlich rief ich ihm zu, er möge auf den Radweg wechseln. Keine Reaktion – er fuhr einfach weiter, als habe er nichts gehört. Ich wiederholte meine Aufforderung – wieder ohne Erfolg. So setzte ich mich in den Funkwagen, ließ den Kollegen kurz alleine und fuhr hinter dem Radfahrer her, überholte ihn und bog kurz dahinter auf einen Parkplatz ein, stieg aus, winkte ihn heran. Er machte keine Miene, auf den Parkplatz zu kommen, sondern rief mir nur zu: »Ich habe keine Zeit für Sie. Bin im Training.«

Diese dreiste Respektlosigkeit verschlug mir fast den Atem. Um ihn zum Anhalten zu bewegen, stellte ich mich ihm mitten auf der Fahrbahn in den Weg. Man kann sich den geradezu unverschämten Ton kaum vorstellen, den er mir gegenüber anschlug. Er verweigerte die Personalien und gab an, dass er auch keinerlei Papiere dabeihätte. Die Stimmung war sehr angespannt. Das Gespräch eskalierte. Mir blieb eigentlich nur noch übrig, den Mann zur Feststellung der Personalien festzunehmen und das Fahrrad sicherzustellen. Beinahe wäre es zu Handgreiflichkeiten gekommen und das Ganze hätte in Handschellen geendet. Doch war das wirklich angemessen?

Bei all der Aufregung war mir sehr wohl bewusst, dass der Vorfall eventuell vor Gericht landen könnte. Ich hörte den Richter schon sagen: »Körperverletzung im Amt, Festnahme, Sicherstellung des Rades mit hohen Kosten und das nur, weil er den Radweg nicht benutzt hat?« Von einer Respektlosigkeit der Polizei gegenüber wäre wohl kaum die Rede gewesen.

Schließlich habe ich den Herren weiterfahren lassen und noch lange meine Faust in der Tasche geballt.

Vielen jungen Leuten, die Polizist werden wollten, habe ich diesen Fall erzählt und folgenden Rat mitgegeben:

Wenn ihr es schafft, in so einer Situation einen Rückzieher zu machen, und wäret ihr noch so im Recht, dann seid ihr richtig in dem Beruf. Wenn ihr das nicht schafft, lasst besser die Finger von diesem Job.«

Der Hinkebock

Das Erlösen eines verletzten Tieres ist eine traurige aber sehr wichtige Aufgabe des Jägers. Der für ein Revier zuständige Jagdaufseher hat regelmäßig damit zu tun, weil er im Alltag häufig erster Ansprechpartner bei Problemen mit Wildtieren ist. Manchmal erlebt man dabei auch merkwürdige Geschichten.

Schon länger hatte ich in meinem Revier einen Rehbock ausgemacht, der auf drei Läufen durch Wiese und Wald zog. Ich konnte ihn immer nur in weiter Entfernung beobachten. Manche Rehe kommen auch auf drei Läufen sehr gut zurecht und es scheint sie nicht sehr zu behindern. Unfälle im Straßenverkehr oder mit landwirtschaftlichen Maschinen im Kitzalter können die Ursache sein. Dieser Rehbock hatte aber offensichtlich sehr unter seinem verletzten Hinterlauf zu leiden. Er hielt ihn hoch, das Fersengelenk war dick geschwollen und schwarz gefärbt. Das Tier bewegte sich sehr ungelenk und schien bei jedem Schritt starke Schmerzen zu haben, war sich seiner Hilflosigkeit wohl bewusst und wurde ganz heimlich, fast unsichtbar. Der Bock trat nur noch in der Dunkelheit aus und entfernte sich kaum von den dichten Waldbereichen. Ich habe immer wieder an der Stelle angesessen, wo er sich aufhielt, und hörte ihn durch das dichte Gebüsch hinken. Nur schemenhaft war er ab und an mal in der Dämmerung zu erkennen. An Schießen war bei diesem Licht nicht zu denken. Oft, sehr oft habe auf ihn angesessen, immer vergeblich. Ein Jagdgast aus der Schweiz, dem ich diesen Bock freigegeben hatte, entdeckte ihn mal morgens ganz früh im ersten Licht an seinem Hochsitz. Allerdings saß er auf einer engen Eisenleiter. Genau hinter ihm tauchte der

Hinkebock in höchstens zwanzig Metern Entfernung auf. Es war unmöglich, sich auf dem Sitz zu drehen oder nach hinten zu schießen. Und schon nach zwei Minuten war der Bock wieder in der Dickung verschwunden. Er blieb ein sagenumwundener ›Geisterbock‹ und es verging mehr als ein Jahr, ohne dass er jemandem vor die Büchse gekommen wäre.

Ich hatte noch Dienst, da meldete sich die Rettungsleitstelle bei unserer Wache und gab an, dass bei ihnen auf der Wiese vor dem Fenster ein stark hinkender Rehbock stehen würde. Wie elektrisiert schoss mir der Gedanke durch den Kopf: »Der Hinkebock«. Schnell holte ich zuhause die Jagdwaffe und stand kurz danach vor der Rettungsleitstelle. Man führte mich auf der ersten Etage in einen Büroraum mit vielen Bildschirmen, Funk- und Telefonanlagen. Von dort aus dem Fenster konnte ich auf etwa hundert Meter Entfernung den sagenumwobenen Hinkebock sehen. Die Distanz passte, doch hinter dem Bock verlief eine stark befahrene Landstraße. Wie sollte ich da schießen?

Schnell war der Plan gemacht: Einem Leitstellenbeamten wurde das Kissen unter dem Hintern weggenommen und aufs Fensterbrett gelegt. Ich nahm auf einem Stuhl Platz und legte das Gewehr auf dem schön angewärmten Kissen auf. Einer der Leute bewachte Funk und Telefon und fünf oder sechs Menschen standen hinter mir. Sie sollten ansagen, wenn die Straße frei war. Nur dann konnte ich schießen ohne jemanden zu gefährden. Ich zielte in Richtung Hinkebock und hatte dabei nur das Tier und keine Straße im Visier. Was für eine Situation! Eigentlich sitzt ein Jäger vor einem solchen Hundert-Meter-Schuss ganz alleine und sehr konzentriert auf seinem Hochsitz. Jetzt hatte ich lauter aufgeregte Stimmen hinter mir.

»Von links ist frei!«

»Nein, rechts kommt noch ein LKW!«

Was für ein Hin und Her, bis sich alle einig waren, dass die Straße frei war. Gar nicht so einfach, bei dieser Hektik einen kühlen Kopf zu bewahren.

»Jetzt schießen!«, klang es aus aller Munde.

Ging aber wieder nicht: der Bock stand spitz von hinten. Wenn er dann mal breit stand und sein Blatt, also den Brustkorb mit Herz und Lunge freigab, kam gerade Verkehr von rechts oder links. Zwischendurch musste noch ein Rettungswagen zum Einsatz und ein anderer startete, um den Notarzt abzuholen. Gegen Blaulicht und Martinshorn hatte der Bock nichts einzuwenden. Er kannte das Theater, weil er ja in der Nähe der Leitstelle seinen Einstand hatte.

Endlich, nach unzähligen Bemerkungen »Straße frei, Bock steht quer« passte alles. Der Schuss brach, der Bock fiel und ich beobachtete durch das Zielfernrohr, ob der Schuss richtig saß. – Ja!

Als ich mich umdrehte, um den Zuschauern zu sagen, dass wir nun etwa zehn Minuten zu warten hätten bevor wir zum Bock hingehen könnten – keiner mehr da!?

Ich hörte nur noch eilige Schritte auf dem Flur und im Treppenhaus. Dann sah ich die ganze Mannschaft über die Wiese eilen. Jeder wollte zuerst bei dem Bock sein. Gottseidank war der schon verendet und man zog ihn aus der Wiese raus. Wie es sich gehört, blies ich mit dem Jagdhorn diesem Bock ganz feierlich das Signal ›Bock tot‹ und ›Halali‹.

Das war schon ein sehr merkwürdiges Bild: ich in Polizeiuniform mit dem Jagdgewehr auf dem Rücken, vor mir der arme Hinkebock, umringt von Rettungssanitätern und Leitstellenbeamten in Uniform – eine echte Ehrenwache.

POLIZEI

Horst mit der Säge

Während der Streife erhielt Kollege Horst einen Anruf vom Reparaturdienst, seine Motorsäge sei fertig. Die holte er ab, war ja nicht weit. Wieder im Streifenwagen unterwegs, meldete sich die Leitstelle über Funk: »Fahrt zum Hilfswerk, da will sich einer das Leben nehmen. Feuerwehr und Rettungsdienst sind schon vor Ort.«

In dem sozialen Hilfswerk lebten junge Leute mit Handicaps und häufig herausforderndem Verhalten, die rund um die Uhr betreut und begleitet wurden. Tagsüber arbeiteten sie in Behindertenwerkstätten, ihre Freizeit verbrachten sie in dem Wohnhaus, zu dem wir gerufen worden waren.

Ein Bewohner war aus unerfindlichem Grund auf eine hohe Fichte geklettert und drohte damit, herunterzuspringen. Die Feuerwehr stand mit dem Sprungtuch da. Der Notarzt und die Betreuer sprachen auf den jungen Mann schon seit geraumer Zeit ein, er möge doch bitte wieder herunterkommen. Keine Chance!

Horst war für seine Seelenruhe bekannt. Er fragte nur kurz und trocken:

»Was machst du da oben?«

»Ich springe gleich!«

Zum Entsetzen der Betreuer und des Arztes sagte Horst:

»Dann spring jetzt, wir warten drauf.«

»Nein. Ich springe erst gleich.«

»So viel Zeit haben wir nicht, komm runter.«

»Nein ich springe erst gleich.«

»Ich werd' dir helfen, dann geht das schneller.«

»Was haben Sie vor?«

Horst schwieg und ging zum Streifenwagen. Mit seiner Motorsäge in der Hand kam er zurück.

»Was haben Sie vor?«

Das Entsetzen war dem Jungen im Baum anzuhören.

»Ich hol' dich jetzt runter, das geht ganz fix. Pass auf, der Baum fällt gleich nach links rüber.«

Horst zog mit einem kräftigen Ruck die Motorsäge an, ließ sie ein paar Mal laut aufheulen, ging entschlossen auf den Baumstamm los, bückte sich in Richtung Stamm, richtete das Kettenschwert aus – da gab's oben in luftiger Höh' einen schrillen Schrei und flink wie ein Eichhörnchen kletterte der junge Mann die Fichte herunter.

Horst machte die Motorsäge aus, zündete in aller Ruhe sein Pfeifchen an –

»Man muss nur immer passendes Werkzeug dabeihaben.«

– packte in aller Gemütsruhe die Säge ein und fuhr mit dem Streifenwagen davon.

Flohzirkus

Die Familie zog mit einigen kleinen Ponys über die Jahrmärkte der Region. Die bedauernswerten Pferdchen drehten dort Runde um Runde in einem Rondell zur Freude der Kinder, die gegen Entgelt auf ihnen reiten durften. Es waren für Mensch und Tier äußerst ärmliche Verhältnisse, Futter, Wiesen oder Stallungen Mangelware. Ständig war man unterwegs. Gab es überhaupt eine Schule für die Kinder? Wo schlief man nachts? Fahrende Leute ohne soziale Absicherung, fast wie im Mittelalter.

Eine Art feste Bleibe gab es wohl alleine schon wegen der offiziellen Anmeldung. Das war ein sehr altes, völlig heruntergekommenes Gebäude in einem der Dörfer. Wir Polizisten waren dort Stammgäste. Vernehmungen, Haftbefehle, Anzeigen aller Art, Beschwerden aus der Nachbarschaft, jedes Familienmitglied war mal dran. Wir wussten nie, ob jemand zuhause war, wie viele Personen da überhaupt regelmäßig lebten oder sich nur mal aufhielten. Damit wir nicht immer aufs Geratewohl hinfuhren hatten wir mit den Nachbarn vereinbart, uns zu informieren, wenn sich in diesem Haus wieder ein Lebenszeichen regte.

Eines Nachmittags wurden wir gerufen: laute Musik dröhnte aus dem Haus, also musste jemand da sein. Wir nahmen alle Haftbefehle mit, vielleicht war der passende Kandidat ja anzutreffen. Unser Klopfen an der Haustür blieb ohne Antwort. Die Tür war nicht verschlossen, na dann mal rein in Richtung Musik.

Was ein Elend: uns kamen zwanzig oder mehr verwahrloste Katzen entgegen. Bei den halb verhungerten Tieren waren alle Rippen zu sehen. Einigen lief eitrige Flüssigkeit aus der Nase. Eine Katzen-Toilette gab es nicht. Überall lag Katzendreck auf dem Boden, den Sesseln, Tischen und Bänken. Nach rechts ging es durch zur ehemaligen Scheune und darin waren bestimmt vier Meter hoch Müllsäcke aufgestapelt. Alle waren von den armen Katzen aufgerissen. Sie hatten sich an den Resten bedient, die irgendwie fressbar waren. Ein unbeschreiblicher Dreck und Unrat im ganzen Haus. Auf der ersten Etage fanden wir schließlich auch einen Menschen. Der Mann lag in einem Bett, umringt von Katzen und deren Ausscheidungen. Trotz der lauten Musik schlief er. Wir weckten ihn und nahmen ihn fest, nachdem wir ihm seinen Haftbefehl vorgehalten hatten. Mit vereinten Kräften verfrachteten wir ihn in den Streifenwagen und sicherten ihn mit Handschellen. Wo wir nun einmal dort waren, suchten wir gleich das ganze Haus nach weiteren Personen ab. Ich stieg dabei auch in das Rattenloch von Keller und ekelte mich gewaltig vor all dem Schmutz und den Spinnweben. Außer dem seltsamen Musikfreund trafen wir aber niemanden mehr an.

Zurück im Streifenwagen wollte ich den Sicherheitsgurt anlegen, da entdeckte ich auf meiner Hose und darunter jede Menge Flöhe. Munter, wie die Tierchen nun mal sind, sprangen sie flugs auch auf meinen Kollegen über. Nix wie raus aus dem Wagen! Gegenseitig klopften wir unsere Uniformen gründlich ab, um die ungebetenen Besucher loszuwerden. Unser Fahrgast hatte die blinden Passagiere mitgebracht. Wir nahmen ihn genauer in Augenschein und sahen den Flohzirkus in voller Aktion. Die Gesichtshaut des Mannes war über und über mit roten Flecken und aufgequollenen Pusteln bedeckt. Doch schienen ihn die Blutsauger offenbar überhaupt nicht zu stören, er war diese Mitbewohner wohl gewöhnt. Mit dieser wertvollen Fracht fuhren wir zur Wache. Unseren ›Gast‹ machten wir vorsorglich in der Garage an einer Stange fest bevor er später in eine Gewahrsamszelle im Keller umziehen konnte, und sahen zu, unsere verflohte Kleidung schnellstmöglich loszuwerden. Ab damit in einen Plastiksack und direkt zur Reinigung. Dort fiel die unliebsame Gesellschaft natürlich auf, was einen ziemlich teuren Preisaufschlag zur Folge hatte.

Von der Wache aus telefonierte ich mit dem Krankenhaus. Wir brauchten noch eine ärztliche Haftfähigkeitsbescheinigung für den Festgenommenen. In dem äußerlichen Zustand hätten wir ihn nicht in unserem Gewahrsam abgeben können. Vom Krankenhaus bekam ich sofort eine Absage: »Wir sind für kranke Leute zuständig, nicht für Flöhe! Wenden Sie sich bitte an den nächsten diensthabenden Notarzt.«

Der allerdings lehnte auch ab, sich um den Fall zu kümmern, er sei nur für Notfälle in Bereitschaft. Nach langem Telefonieren erreichte ich endlich einen Dermatologen im Uniklinikum, der Erbarmen mit uns hatte. Hörbar widerwillig erklärte er sich bereit, die Person anzusehen. Unter einer Bedingung: der Mann müsse einen Ganzkörper-Schutzanzug tragen. Wo sollten wir den jetzt so schnell herbekommen? Die Autowerkstatt neben der Wache gab uns einen gebrauchten Schutzanzug des Lackierers. Das Ding schillerte in den buntesten Farben, aber erfüllte immerhin seinen Zweck.

Bevor wir zur Uniklinik starten konnten, wollten wir noch Insektenspray besorgen, um den Streifenwagen flohfrei zu bekommen. Der Anruf beim Polizeipräsidium ergab, dass diese Beschaffung schriftlich anzufragen sei. Man würde uns dann das passende Antragsformular zusenden, was innerhalb der nächsten Tage mit der Dienstpost eintreffen solle. Heiliger Sankt Bürokratius! Kurzerhand habe ich dann selber das Insektenspray gekauft, das Geld dafür aber nicht wiedergesehen.

Jetzt aber endlich ab zur Uniklinik!

Marsianer im Klinikum! Aliens in der Notaufnahme!

Zwei Uniformierte mit einer vermummten Gestalt, bunt wie ein Papagei im saloppen Raumanzug, nur ein kleiner Teil des Gesichts war zu sehen. Alle schauten uns mit großen Augen nach, keiner traute sich, zu fragen. Im Aufzug zur Dermatologie stieg niemand zu. Lieber mal auf den nächsten Lift warten ... Auf der Station kam uns der Dermatologe eilig im Flur entgegen. Schon von weitem bedeutete er uns, stehen zu bleiben. Für die Diagnose aus geschätzt sieben Metern Distanz brauchte er genau zwei Sekunden: »Der Mann ist haftfähig, bringen Sie ihn schnell wieder aus dem Haus!«

Na ja, damit hatten wir auf jeden Fall unsere Haftfähigkeitsbescheinigung und kamen so mit unserem Papagei im Gewahrsam des Präsidiums an. Ich werde nie vergessen, wie uns die Kollegen angeschaut haben. Als das Wort »Flöhe« fiel, war es aus: »Seid ihr verrückt, heute Morgen bekamen wir einen mit Krätze und jetzt traut ihr euch mit Flöhen her! So können wir ihn nicht einbunkern. Nehmt ihn bloß wieder mit!«

Triumphierend schwenkte ich die offizielle ärztliche Haftfähigkeitsbescheinigung und der Kollege musste sich geschlagen geben. Der Flohpate wurde sodann zwangsweise gründlich geduscht und wir machten uns sehr erleichtert auf den Weg nach Hause.

Auf der Leiter

Zuhause, ich hatte dienstfrei und nutzte die Zeit für die unzähligen Arbeiten dort auf dem großen Gelände. Da klingelte das Handy und ich hatte einen Kollegen von der Einsatzleitstelle am Apparat:

»Wärest du bereit, dich in den Dienst zu versetzen und dich um eine angefahrene, verletzte Hirschkuh zu kümmern?« fragte er. Ein Jagdpächter sei da nicht zu erreichen. Ich ließ mich erweichen, holte mein Jagdgewehr aus dem Waffenschrank und fuhr in eines der benachbarten Dörfer. Simon, ein Schüler, der mir zuhause geholfen hatte, wollte unbedingt mit und ich tat ihm den Gefallen.

An dem Haus, in dessen Garten die verletze Hirschkuh liegen sollte, wartete schon die gesamte Nachbarschaft und der Hausbesitzer. Während ich das Gewehr aus dem Auto nahm, war diese Gesellschaft aufgeregt in den Garten gelaufen. Mein Rufen, sie sollten besser nicht draußen herumlärmen, blieb ungehört. Und leider war es auch schon zu spät. Als kurz darauf Zäune krachten ahnte ich, was passiert war: bei dem Menschenauflauf hatte sich die Hirschkuh trotz ihrer Verletzungen aufgerappelt und sich durch den Gartenzaun aus dem Staub gemacht. Überall im Garten sah ich Blutspuren des armen Tieres.

Gemeinsam mit Simon machte ich mich auf den Weg, im Ort nach dem Tier zu suchen. Tatsächlich sahen wir es über eine kleine Straße im Wohngebiet laufen. Es hinkte sehr stark. Nun konnte ich auch erkennen, dass es sich nicht um eine Hirschkuh, sondern um einen jungen Hirsch, einen sogenannten Spießer handelte.

In der nächsten Straße sagte uns jemand, dass er das Tier gesehen habe. Der Hirsch war auf eine große Wiese inmitten des Wohngebietes gelaufen und hatte sich rückwärts in eine Hecke geschoben, nur noch Kopf und Hals waren zu sehen.

Aber wie sollte ich jetzt schießen? Ringsum standen Häuser. Bei einem Schuss hätte die Kugel das Tier durchschlagen und dahinter fürchterliches Unheil anrichten können. Zum Hirsch hinschleichen war auch nicht möglich, da der Wind auf ihn zu stand. Sobald er von mir Witterung bekäme, würde er wieder aufspringen und weiter flüchten.

Es gab nur eine Möglichkeit: ein Schuss von oben herab. So würde die Kugel durch den Hirsch hindurchfahren, in den Erdboden eindringen und keine Gefahr für die Umgebung darstellen. Ich musste deshalb jemanden finden, der mich in seinem Haus ins Dachgeschoss ließ. Also ging ich von Haus zu Haus um diese Wiese herum. Es war ein Vormittag mitten in der Woche. Kaum ein Mensch war daheim. Endlich fand sich jemand am äußersten Ende der Wiese, am weitesten von dem verletzten Hirsch entfernt. Im Garten stand ein buntes Kinderspielhaus auf Stelzen. Der Hauseigentümer lieh mir eine Leiter, die aber eigentlich viel zu groß für dieses Häuschen war. Ich kletterte hinauf und stand mit einem Fuß auf dem Dach und mit dem anderen auf der Leiter. Doch zu schießen war von hier aus unmöglich. Zwischen mir und dem Hirsch befand sich eine hohe Buchenhecke. Ich hätte nicht durch diese Hecke schießen können, obwohl ich den Hirsch auf etwa achtzig Meter Entfernung sah. Wenn das Geschoß auch nur ein kleines Ästchen berührte, würde die Kugel von ihrer Bahn abgelenkt und unkontrolliert in irgendeine Richtung fliegen. Ich musste also höher hinauf. Wenn ich aber über den Auflagepunkt der Leiter am Häuschen hinauskletterte, würde diese sicherlich umschlagen und ich abstürzen.

Mit einer dicken Eisenstange bohrte ich zwei Löcher in die Erde, versenkte darin die Leiter mit den Enden der Holme bis die erste Sprosse auf dem Rasen aufsetzte. Simon musste sich auf diese unterste Sprosse stellen, um die Leiter mit seinem Gewicht zu stabilisieren. Dann schob ich die Ausziehleiter so hoch es ging, sehr weit über den Auflagepunkt hinaus. Jetzt traute ich mich hinauf. Würde der Erdboden die Leiter halten oder aufreißen? Würde Simon als Gegengewicht schwer genug sein, mich zu halten?

Langsam stieg ich Sprosse für Sprosse hoch. Als ich über den Auflagepunkt hinauskam, fing die Leiter an zu schwanken - ein verdammt mulmiges Gefühl! Bei jeder weiteren Sprosse hoffte ich, sie möge nur nicht nach vorne kippen. Endlich war ich war ich auf etwa acht Metern Höhe und konnte über die Hecke schauen. Der Schuss auf den Hirschen war riskant. Die Leiter schwankte etwas und meine Füße zitterten leicht auf der dünnen Sprosse. Der Hirsch zeigte nur Kopf und Hals. Ich beschloss, einen Schuss auf den Hals zu setzen und zwar möglichst hoch, um die Wirbelsäule zu treffen. Das hätte einen blitzartigen Tod zur Folge. Wichtig war auch, nach dem Schuss sofort eine neue Patrone in das Kugellager zu repetieren, um notfalls sofort nachschießen zu können. Elend lange dauerte das Zielen auf der Leiter mit schlechter Auflage auf einer Sprosse. Am Fuß der Leiter hielt sich Simon die Ohren zu. Mehrmals musste ich absetzen, bis ich endlich den Zielpunkt sicher hatte. Dann drückte ich ruhig ab.

Meine Güte, war das hier oben ein Rückschlag! Ich konnte nur noch blitzschnell mit einer Hand die Leiter fassen, sonst wäre ich abgestürzt. Es war auch nicht einfach, direkt zu repetieren. Allerdings war das auch nicht nötig. Der Hirsch brach zusammen, schlug nur noch kurz mit den Läufen und verendete.

Erleichtert, aber doch leicht zitternd stieg ich den wackligen Weg wieder hinunter und bedankte mich beim Hausbesitzer noch für die Hilfe. Simon und ich werden dieses Erlebnis bestimmt nie vergessen. Das Hirschgeweih bekam ich später vom Jagdpächter geschenkt und es erinnert mich tatsächlich noch heute an den schwierigsten Schuss meines Lebens.

Jugendarbeit

Ich war noch nicht lange ›Orts-Sheriff‹, also Bezirksbeamter, da wurde in unserer Gemeinde ein Jugendtreff gegründet. Zur feierlichen Eröffnung hatte ich zwar keine Einladung erhalten, fand mich aber am betreffenden Tag in Uniform dort ein. Da der Polizist ja eigentlich so eine Art Feind darstellt, wurde ich sehr argwöhnisch betrachtet und es gab auch etwas Gemurmel in den hinteren Reihen. Die anwesenden Gründer, Honoratioren und Gäste waren zunächst erstaunt, begrüßten meine Initiative aber. Schließlich ging es um Prävention. Einige der jugendlichen Besucher des Treffs liefen immerhin vielleicht Gefahr, einmal meine Kunden zu werden. Das galt es möglichst zu verhindern.

Ich schlug den verantwortlichen Personen und den Jugendlichen vor, spannende Aktionen mit ihnen zu veranstalten und kam regelmäßig zu Gesprächen in den Jugendtreff. Ganz allmählich wurde ich akzeptiert. Einmal packte ich mir den Polizeibulli voll mit Jugendlichen und zeigte ihnen mehrere Projekte, die ich im Lauf der Zeit schon mit Kindern im Wald umgesetzt hatte. Das zündete: sowas wollten die Leute aus dem Jugendtreff auch gerne machen.

So haben wir in der Natur unzählige Wildobstbäume gepflanzt und diesen ursprünglich hier heimischen Bäumen wieder zum Aufleben verholfen. Auch mehr als zweihundert hochstämmige Obstbäume haben wir gepflanzt. Ein Weg wurde zu einer Obstbaumallee umgewidmet. Die Früchte können von den Menschen aus dem Ort geerntet werden. Beim jährlich fälligen Baumschnitt lernen die Jugendlichen auch das ›so nebenbei‹.

Wir haben auch Moorweiher (Pingos) renaturiert. Mein Freund Alfred stellte uns dazu an zwei Nachmittagen einen Minibagger zur Verfügung. Die Jugendlichen waren kaum noch zu bremsen und hätten am liebsten auch in der Dunkelheit noch weitergebaggert.

Es war eine anstrengende Arbeit an einem sehr heißen Sommertag. Da mussten viele Schubkarren voll Lehm herangekarrt werden, um die früher künstlich hergestellten Abflüsse der Pingos wieder zu verschließen. Entsprechend abgekämpft, verschwitzt und dreckverschmiert sahen die Jugendlichen anschließend aus. Die Zufriedenheit mit dem Ergebnis ihrer stundenlangen Schufterei war ihnen rundum anzusehen.

Als ›Belohnung‹ hielten wir auf dem Rückweg zum Jugendtreff an der Eisdiele an, um uns eine süße Erfrischung zu gönnen. Die zahlreichen Gäste des Eissalons trauten ihren Augen nicht: ein Polizeibulli fährt vor, ein Beamter steigt aus, öffnet die seitliche Tür und eine schräge Truppe junger Leute kommt raus. Alle voll Dreck, mit Tattoos, Piercings, Ketten und allerlei sonstigen individuellen Schmuckstücken geziert. Der Polizist spendiert für jeden ein Eis, sie klettern zurück in den grün-weißen Bulli und schwups – sind alle wieder weg.

Einmal haben wir an siebzehn Nachmittagen Verkehrsschilder im Miniformat gebaut und sie später an die

Grundschulen zur Verwendung im Verkehrsunterricht abgegeben.

Beim örtlichen Apotheker hat unsere Arbeit allerdings zu großen Irritationen geführt. Um die Farben für die Verkehrsschilder originalgetreu mischen zu können, brauchte es ein besonders Dosiergerät. Es waren ja relativ wenige Schilder und die Farbmengen im Vergleich zur industriellen Herstellung gering. Der Apotheker staunte nicht schlecht, als ein Polizist in voller Montur bei ihm Spritzen für den Jugendtreff erwerben wollte … Sichtlich erschrocken zögerte er zunächst. Gab die Instrumente dann aber doch bereitwillig ab nachdem ich ihm erklärt hatte, dass die Spritzen bei unserer Aktion für das genaue Abmessen der Farben und des Härters gebraucht würden.

Die Jugendlichen haben sehr gerne und engagiert mitgemacht. Mit der Zeit waren wir miteinander warm geworden. Sie fingen an, mir ihre Sorgen anzuvertrauen. Ich erfuhr, aus welchem Elternhaus manche kamen und wie sie darunter litten. Ihr Selbstwertgefühl war oft sehr angekratzt. Sie wussten genau, dass sie nie Berufe erlernen würden, die Schüler aus ›besseren Verhältnissen‹ anstrebten. Aber der Erfolg der gemeinsamen Aktionen stärkte ihr Selbstbewusstsein.

Zusammen mit Behinderten unternahmen wir Waldwanderungen, machten Picknicks und die Jugendlichen schoben stolz die Rollstühle. Die behinderten Altersgenossen wurden sehr aufmerksam betreut. Dabei erlebten die Jugendlichen aus dem Treff, dass sie in der Lage waren, soziale Arbeit zu leisten und anderen damit Freude zu bereiten. Dies waren sehr wichtige Erfahrungen und ihr Selbstvertrauen wuchs.

Eine der schönsten Aktionen veranstalteten wir einmal im Winter: Ich hatte vierzehn Schlitten besorgt. Auf einem Feldweg hatten freundliche Gemeindearbeiter den hohen Schnee mit einer Walze platt gefahren. Ein Freund kam mit seinem Kaltblutpferd dazu und dann ging's los: Je ein Jugendlicher aus dem Treff bekam zur Betreuung einen behinderten Jugendlichen, den er auf einem Schlitten vor sich sitzend festhalten musste. Sieben Schlitten hingen an meinem Geländewagen und sieben hinter dem Pferd. So zogen wir die glückliche Bande über den Schnee. Nach etwa einem Kilometer hatten die Schlittenfahrer Vertrauen untereinander gefunden. Das brauchten sie auch, denn jetzt ging es steil bergab. Fast wie beim Olympia-Zweierbob! Jeder setzte sich hinter seinen Betreuten, hielt ihn fest und dann ›Bahn frei!‹ Das Pferd zog alle wieder hoch. Anschließend gab es an der Schneebar leckeren, heißen Kakao und Kuchen. Eine echt gelungene Aktion!

Vor allem für die Jugendlichen. Um eine solche, sozial wichtige Aufgabe zu bewältigen, braucht man keine lange und komplizierte Ausbildung. Dazu reichen ein gutes Herz und der Wille, zu helfen. Eine solche Aktion kostet auch kein Geld. Am besten fragt man auch vorher keine Versicherung, die ohnehin keine Verantwortung für solche Sachen übernehmen wird.

›Packen wir es an‹ ist die Devise und hilfsbereite Jugendliche gibt es genug. Sie werden oftmals nur verkannt oder einfach nicht gesehen.

Sie kriechen in unsere Wohnung

Es gibt Dinge, von denen konnte ich mir nicht vorstellen, dass es sie gibt – bis ich sie selbst erlebte.

Leicht gelangweilt saßen wir im Streifenwagen und erwartet den vierten oder fünften Verkehrsunfall für diese Schicht, da schickte uns die Leitstelle in die Oststraße mit den merkwürdigen Worten: »Madenvorkommen im Hausflur.«

Nun sind wir keine Schädlingsbekämpfer, aber solche Meldungen können sehr ernste Ursachen haben und auch die Polizei etwas angehen. Gerade in großen Städten können Menschen so sehr vereinsamen, dass von ihrem Tod niemand Notiz nimmt. Da kann es passieren, dass Menschen sich das Leben nehmen und bei trockener Luft und leichtem Windzug auf einem Dachboden hängend einfach mumifizieren. Ein grausamer Fund für den nächsten Menschen, der diesen Dachboden aufsucht, zumal wenn er sehr zart besaitet ist. Den Anblick wird er in seinem Leben nie vergessen. Bei heißem Sommerwetter finden Fliegen sehr schnell tote Körper, legen dort ihre Eier ab, aus denen nach ganz kurzer Zeit schon die Maden schlüpfen, die dann ihr grausames Werk beginnen. Auch sehr hart gesottene Zeitgenossen werden wohl nie vergessen, was sie da sehen und riechen müssen. Eine wirklich belastende Situation für die Kollegen von der Spurensicherung oder auch für die Leute von Bestattungsunternehmen, die hier ihre Arbeit tun müssen.

Ich möchte das Ganze nicht weiter ausschmücken, aber was geht einem so alles durch den Sinn, wenn der Einsatz lautet: ›Madenvorkommen im Hausflur‹.

In dem eigentlich unauffälligen Ortsteil angekommen, fanden wir ein Haus mit sechs Mietparteien vor. Ein Mann aus der Parterrewohnung empfing uns an der Haustür. Aufgeregt und blass im Gesicht gab er an, dass er im Eingangsflur eine Invasion von Maden entdeckt habe, die gerade unter der Tür durch in die Wohnung seiner Familie krieche.

Kaum zu glauben, aber er hatte nicht übertrieben. Von der Tür zum Hinterhof waren tausende weiße Maden mit schwarzen Köpfen unterwegs durch den Flur in Richtung der Wohnungstür des zurecht aufgeregten Herren. Wir rieten ihm, sich zunächst mit einem Besen zu bewaffnen und diese Tiere davon abzuhalten, in seine Wohnung zu kriechen.

Uns blieb die spannende Frage: Wo kamen diese Maden her? Was würde uns da im Hinterhof erwarten? Vor allem, wie sollten wir dahin kommen? Da gab es nur einen Weg: wir mussten mitten durch diese Madeninvasion laufen. Nirgends eine Lücke, um den Fuß zu setzen. Es ging nur ›drüber‹. Was ein widerliches Geräusch, wenn man auf hunderte Maden tritt. Welch ein mulmiges Gefühl sich vorzustellen, mit den nun glitschigen Schuhen auszurutschen und mitten in diese schaurige Gesellschaft hinein zu fallen.

Endlich an der Hoftür angekommen zeigte sich, die Madenstraße begann im Hof an einer der Mülltonnen. Unter dem Deckel krochen die Tiere massenweise heraus und machten sich auf den Weg zur Tür. Nichts Gutes ahnend, öffneten wir die Tonne und fanden – eine ganze Menge Fleischabfälle, die wohl jemand aus seiner Gefriertruhe entsorgt hatte. Der eine oder andere Gefriergutzettel war noch zu erkennen.

Jetzt blieb uns nur, den glitschigen Rückweg anzutreten und einen Schädlingsbekämpfer zu verständigen. Die Ermittlungen nach dem Verursacher übernahmen die Hausbewohner selbst. Ich bin mir nicht sicher, dass er noch lange dort gewohnt hat.

Schwein gehabt

Da saß ich eines Sommerabends auf dem Hochsitz und hatte wunderschönen Anblick. Ein Rudel Rotwild war kurz vor Eintreten der Dunkelheit auf der Lichtung erschienen: Hirschkühe mit ihren Jungtieren vom Vorjahr und Kälbern, die noch die hellen Flecken auf ihrem Fell trugen und verspielt herumtollten. Meine Hündin Raisa lag ruhig am Fuß der Leiter und gab keinen Laut. Die Tiere fühlte sich ungestört und kamen kam ganz nah bis an meine Ansitzkanzel heran.

Allmählich wurde es Zeit, abzubaumen und mich auf den Heimweg zu machen. Aber an ein Herunterklettern vom Hochsitz war nicht zu denken. Das Rotwild wäre auch bei größter Vorsicht und Heimlichkeit auf mich aufmerksam geworden. Ich hätte es mit Sicherheit misstrauisch gemacht, verscheucht, vergrämt und genau das will ein Jäger nicht. Also wartete ich darauf, dass das Rudel wieder zum anderen Ende der Waldwiese ziehen würde, was nach einer Weile auch geschah. Bevor ich meine Sachen packte, griff ich noch einmal zum Fernglas um mich zu vergewissern. Tatsächlich stand die Gruppe Rotwild nun ganz am fernen Wiesenrand und links daneben entdeckte ich zwei dunkle Tiergestalten, die nicht dazugehörten: Wildschweine.

In Zeiten der grassierenden Schweinepest war es geboten, Schwarzwild gezielt zu bejagen um die Verbreitung der hoch ansteckenden Krankheit zu verlangsamen. Da kamen mir die beiden Gesellen gerade recht!

Glücklicherweise hatten Raisa und ich uns ruhig verhalten, so schöpften sie keinerlei Verdacht und liefen unbekümmert in unsere Richtung. Als sie sich auf etwa vierzig Meter genähert hatten, nahm ich das kleinere der beiden Schweine ins Visier und drückte ab.

Vom Mündungsfeuer geblendet, konnte ich im Schuss nicht sehen was geschah, hörte aber deutlich, dass beide Tiere nach rechts in die leicht ansteigende Fichtennaturverjüngung flüchteten. Eines brach mit großem Getöse durchs Unterholz und verschwand. Vom zweiten hörte ich aus etwa fünfzig Metern noch ein kurzes Prusten und das Schlagen der Läufe, es schlegelte. Dann Ruhe.

Ich war mir sicher, gut abgekommen zu sein. Der Treffer musste sitzen. Doch auch bei einem glatten Blattschuss kommt es vor, dass ein tödlich getroffenes Tier nicht direkt zusammenbricht und am Platz liegt. Vor allem als ›schusshart‹ bekanntes Schwarzwild läuft häufig noch recht weit, bevor es verendet. So war es wohl auch hier. Ich ließ mir eine gute Viertelstunde Zeit, bevor ich vom Hochsitz abbaumte und ging dann vorsichtig zu der Stelle, an der das Wildschwein beim Treffer gestanden hatte. Inzwischen war es dunkel geworden, doch konnte ich im Mondlicht den Platz gut wiederfinden. Ich sah eine deutliche Blutlache. Das Blut war dunkel mit ein wenig hell-schaumigen Stellen. Es war hauptsächlich Muskelschweiß und leider nur ein klein wenig Lungenschweiß. Davon hatte ich mir mehr erhofft. Der Blattschuss hatte gesessen. Nun ging es darum, das beschossene Wildschwein möglichst schnell zu finden und nach Hause in die Kühlung zu transportieren. Würde ich bis morgen warten oder das Tier nicht finden, wäre das Wildbret sicherlich durch die Hochsommerhitze verdorben.

Doch ich zögerte, mich sofort auf die Suche zu machen. Eine Nachsuche alleine bei Dunkelheit im brombeerdichten Dickicht auf ein beschossenes Wildschwein ist äußerst gefährlich. Also beschloss ich, mich erstmal mit dem Förster zu besprechen, der jagdlich für diesen Teil des Waldes zuständig war. Wir kamen überein, dass ich es doch erst einmal alleine versuchen sollte, die genaue Stelle ausfindig machen, und mich bis zu der Stelle vorwagen sollte, wo ich das tote Wildschwein zu finden glaubte.

Zurück am Auto steckte ich die Taschenlampe griffbereit ein und hängte mir die Büchse um. Mein Revolver wäre mir in dem dichten Gestrüpp viel lieber gewesen als das lange Gewehr, doch hatte ich ihn leider nicht zur Hand. Raisa nahm ich an den zwölf Meter langen Schweißriemen. Sie sollte mir den Weg auf der Wundfährte weisen. Nach kurzer Prüfung nahm sie die Witterung auf und führte mich schnurstracks hinein ins dunkle Dickicht aus unzähligen wild gewachsenen kleinen Fichten mit Brombeerranken, Farn und sperrigen trockenen Ästen. Schon nach etwa zehn Metern musste ich runter auf die Knie und bald schon konnte ich mich nur noch auf dem Bauch liegend hindurchzwängen. Raisa führte mich zielsicher weiter. Wir waren auf der richtigen Fährte, auf dem Waldboden war deutlich Schweiß, also Blut zu finden und klebte mir bald auf meiner gesamten Vorderseite. Das war mir aber vollkommen egal. Wer sollte mich hier schon sehen.

Gerade zwängte ich mich auf der Seite liegend zwischen zwei Fichtenstämmchen durch, um Raisa folgen zu können und war noch eingeklemmt, da hörte ich kurz vor mir lautes Zähneklappern ›Wetzen‹ und ›Schleifen‹. Diese Geräusche gehören zur Drohgebärde von Wildschweinen kurz vor dem Angriff, sozusagen die letzte Warnung.

Mein Gott, das Schwein lebte ja noch!

Raisa bellte laut und aufgeregt. Der Hund am langen Schweißriemen verfing sich immer wieder in dem engen Dickicht. Beim Angehen der Sau hätte Raisa keine Chance gehabt. Ich zog sie zu mir her und löste die Leine, damit sie sich frei bewegen konnte.

Nun hatte ich auch beide Hände frei und mühte mich, das Gewehr vom Rücken zu nehmen. In meiner eingeklemmten Seitenlage war das sehr umständlich. Schließlich gelang es mir. Ich hielt es nach vorne und leuchtete mit der Taschenlampe in die Richtung, wo das Wildschwein stecken musste. Da kam die Sau auch schon direkt auf mich zu. So schnell ich konnte drückte ich ab, doch es machte einfach nur ›Klick‹. Mein letztes Stündlein schien gekommen! Aber die Sau drehte knapp einen Meter vor mir wieder ab und verschwand hinter der Fichte, wo sie gelegen hatte. Wieder ging es los mit Zähneklappern, Schleifen und Wetzen. Schnell hatte ich eine neue Patrone in den Lauf repetiert und zielte auf die Fichte, hinter der ich nur die Haare des Tieres sehen konnte. Ich wollte es nicht auf eine zweite Attacke ankommen lassen. Wer weiß, ob es nochmal nur ein Scheinangriff gewesen wäre. Ich schoss, in der Hoffnung das Wildschwein so zu treffen, dass es liegen blieb und ich ihm dann den Fangschuss geben konnte. Der Schuss fiel, das Schwein flüchtete und Raisa rannte laut bellend hinterher.

Was war das auch eine unglückliche Situation! Als erfahrener Jäger hatte ich nur Fehler gemacht: zwei Schüsse saßen falsch in dem armen Tier, alleine nachts im tiefsten Dickicht nachsuchen und den Hund laufen lassen.

Nach einer Weile hörte ich von Raisa keinen Laut mehr und hatte die Richtung verloren, in die Sau und Hund verschwunden waren. Hoffentlich gab es keinen Kampf zwischen den beiden, der wäre bestimmt schlecht für den Hund ausgegangen. Da tauchte Raisa plötzlich vor mir auf. Mit sehr vorwurfsvollem Blick schien sie mir sagen zu wollen: »Wo bleibst du denn? Komm mit, dahinten ist das Wildschwein, beeil' dich mal«. Ich packte Schweißriemen und Gewehr und folgte dem Hund so schnell ich im dichten Unterwuchs vorwärts konnte. Mein Tempo war ihm nicht recht. Er lief immer circa zwanzig Meter vor und kam mich dann jedes Mal wieder holen. Es bestand eine außergewöhnlich starke Bindung zwischen dem Hund und mir. Wir jagten wirklich zusammen.

Da – wieder Zähneklappern und ein Angriff. Zweimal schoss ich daneben, mit der letzten Patrone aber traf ich das Wildschwein in den Kopf, so dass es blitzartig umfiel.

Gottseidank! Was hatte ich dem armen Tier da alles angetan!

Aber wie sollte es weitergehen? Ich band die Sau an den Schweißriemen und zog sie bergabwärts. Es ging unter umgestürzten Bäumen, über liegende Stämme und immer wieder durch unglaublich dichtes Gebüsch. Das Schwein wog sicherlich an die siebzig Kilogramm. Ich durfte es auch nicht aufbrechen, weil in der Schweinepestzeit der gesamte Aufbruch (Bauchinhalt) dem Veterinäramt vorgezeigt werden musste. Ich war vollkommen nass geschwitzt und hatte ständig Angst, dass die Taschenlampe ihren Geist aufgeben würde. Mein Gewehr konnte ich auch nicht zurücklassen. Ich hätte es nie wiedergefunden.

Bald kam ich schweißüberströmt an einer Schneise an, wo ich mich wieder auskannte. Kurz bevor ich mein Auto erreichte, quittierte die Taschenlampe tatsächlich den Dienst.

Nachdem ich das Tier noch versorgt und in die Kühlung gehängt hatte war ich nachts um vier Uhr fix und fertig endlich wieder zuhause und um eine fürchterliche Erfahrung reicher.

Der Taucher

An einem Herbsttag mit Nieselregen und dichtem Nebel war ich mit dem Kollegen auf Streife unterwegs. Das Wetter grauslich, genau die richtige Kulisse für einen Eifelkrimi. Da säßen wir lieber zuhause am Ofen anstatt in der Gegend herum zu fahren. Wir beschlossen, zur Wache zurückzukehren und bei einer Tasse Kaffee angefallenen Papierkram zu erledigen. Doch die Stimme aus dem Funkgerät bescherte uns einen Einsatz, den wir nicht vergessen sollten:

»Fahrt zum Krankenhaus, holt den zweiten Notarzt ab und bringt ihn zur Talsperre, ihr werdet dort erwartet. Der Hubschrauber kann bei dem Wetter nicht fliegen und der erste Notarzt ist schon anderweitig unterwegs.«

Was da genau anlag, war nicht herauszubekommen. Also ab zum Krankenhaus, den zweiten Notarzt aufgenommen und mit dem kompletten Programm aus Blaulicht und Martinshorn so schnell wie die Nebelsuppe es erlaubte zur Talsperre. Oben auf der Dammkrone sahen wir eine Gruppe Menschen, das schien unser Einsatzort zu sein. Als wir ankamen, wurden wir direkt von einem Mann in Taucherausrüstung über das Geschehen informiert.

Die Staumauer der Talsperre sollte nach langen Jahren saniert werden. Bevor dazu aber das Wasser abgelassen werden konnte, musste der Grund des Sees nach Kampfmitteln aus dem Krieg abgesucht werden. Von Booten aus wurden Sonden ins Wasser abgelassen, mit denen Taucher den Boden der Talsperre systematisch durchkämmten. Der Kampfmittelräumdienst war bereits seit einigen Tagen an der Arbeit und hatte sich weit in Richtung Damm durchgearbeitet. An diesem Nebeltag war das Team aus zwei Bootsführern und zwei Tauchern ganz in der Nähe des Wasserentnahmeturmes unterwegs, als plötzlich die Sonde festhing.

»Die klemmt bestimmt wieder in einem angeschwemmten Baumstamm.

Ich geh' mal runter und mach' sie wieder frei.«

Entschlossen tauchte einer der Froschmänner ab, verbunden mit einem Sauerstoffschlauch und einem Sprechfunkkabel. Kurz darauf ertönte seine panische Stimme aus dem Funk:

»Zieht ... schnell! ... ich kann nicht ... «

Die zwei Kollegen im Boot zogen an den Kabeln. Die ließen sich aber nicht einen Millimeter bewegen. Es war, als seien sie festgeschraubt. Über das Funkgerät kam kein Lebenszeichen mehr. Auf einmal hatten die Bootsinsassen das Gefühl, das Boot würde nach unten ins Wasser gezogen. Da rissen mit einem Ruck beide Verbindungskabel ab. Alle waren komplett ratlos und verzweifelt. Zum Glück versuchte der zweite Taucher nicht, seinem Kollegen in der Tiefe zu helfen. Er ahnte vielleicht, was passiert war.

Und wie in der Ballade von Friedrich Schiller wurde es mit einem Mal grausig still.

Die Tragödie hatte folgenden Hintergrund: In der Wand des Turmes befinden sich mehrere, etwa dreißig Zentimeter große Einlässe für das Wasser. Hier fließt es hinein und wird zum Wasserwerk weitergeleitet. Dies geschieht unter starkem Wasserdruck. Damit das Wasser nicht unkontrolliert einströmt und die gegenüberliegende Turmwand beschädigt, sind die Einlassschächte in mehreren Kurven siphonartig gebaut. Wahrscheinlich war der arme Taucher vor dem Turm in die Nähe eines Einlasses geraten und vom Sog des Wassers ergriffen worden. Das Gitter davor war nicht mehr stabil genug oder gar schon verrostet abgefallen. So wurde er in das enge Loch hineingezogen, die Verbindungsschläuche zum Boot hatten ihn nicht vor diesem fürchterlichen Schicksal bewahren können. Ob er noch in diesen Röhren drinsteckte oder bis in den Turm gepresst worden war – wer konnte das wissen?

Als wir mit dem Notarzt am Unglücksort angekommen waren, hatte der Talsperrenwärter bereits den Wasserzufluss gestoppt und war dabei, die uralten Ventile zu öffnen, um das Wasser im Turm abzulassen.

Wer traute sich jetzt hinein in diesen finsteren Turm? Der zweite Taucher sollte hinab, weil die letzte Abteilung unten noch voll Wasser stand. Dort vermuteten wir den verunglückten Taucher. Auch der Notarzt musste mit runter und ich mit dem Scheinwerfer aus unserem Streifenwagen, weil es in der Tiefe stockfinster war.

Der alte Turm hatte mehrere Etagen mit verrosteten Blechplatten darin, es brauchte wirklich viel Mut, sich darauf zu stellen. Uns blieb nichts anderes übrig. In der Mitte jeder Platte befand sich ein großes Loch von etwa fünfzig Zentimetern Durchmesser und am Rand eine Leiter aus Moniereisen in U-Form. Die waren teils in der Mauer des Turmes und teils an den Blechplatten befestigt. Manche hingen schon losgerostet. Das gesamte Gestell schwankte hin und her.

Mein Gott! – war das ein Gefühl, auf den rostigen Stufen rund dreißig Meter von Etage zu Etage in die Tiefe zu steigen. Mit jedem Schritt trat der Taucher mit seinen Bleischuhen schon die Hälfte der Stufe an Rost ab. So wurden die Tritte für uns Nachfolgenden immer dünner. Nach unendlich bangen Minuten kamen wir tatsächlich auf der letzten Blechplatte an. Darunter war Wasser. Der Taucher ging runter und fand tatsächlich seinen armen toten Kollegen. Gemeinsam hievten wir ihn auf die Blechplatte. Der Notarzt erkannte direkt, dass es zu spät für eine Wiederbelebung war.

Zur Bergung des Toten ließ ich von oben durch den Mittelschacht zwei Seile hinunterwerfen. An einem band ich den Taucherhelm mit Maske und der Notsauerstoffflasche fest. Der Mann hatte keine Gelegenheit mehr gehabt, sie zu benutzen. An dem zweiten Seil band ich den Toten fest und hatte gerade den letzten Knoten gemacht, da rief der Talsperrenwärter:

»Rauf, schnell rauf, ich kann die Ventile nicht mehr halten!«

Schon rauschte Wasser in den Turm!

Ein fruchterregendes Geräusch im Schummerlicht von Scheinwerfer und Taschenlampe in dieser hohlen Turmröhre. Geschwind wie ein Eichhörnchen kletterte der Notarzt die Eisenstufen nach oben. Der Taucher bewegte sich schweren Schrittes vor mir und trat mit seinen Bleischuhen die Sprossen nochmal dünner. Ich musste als letzter hochsteigen, damit die beiden anderen auch Licht genug hatten. Unter uns rauschte das Wasser. Es stieg rasend schnell, holte uns aber gottseidank nicht ein. Mit zitternden Nerven und voller Rost kamen wir wieder ans Tageslicht. Den toten Taucher zogen wir am Seil nach.

Dies ist eine der spannendsten und vor allem traurigsten Geschichten, die ich je erlebt habe.

Doktor Mabuse

Doktor K. war immer zur Stelle, wenn wir ihn brauchten. Ein älterer Herr, spindeldürr, hochgewachsen, schmaler Kopf mit schütterem Haar in sehr wirrer, lockiger Frisur. Auf der dünnen, langen Nase trug er eine Monsterbrille. Die Gläser darin waren besonders dick und groß. Sie wirkten auf jeden, der ihm gegenüberstand wie ein Vergrößerungsglas. Riesige Augen blickten aus dem hageren Kopf in die Welt. Mein Gott, war der arme Doktor mit einem krassen Augenfehler gestraft! Und trotz dieser Spezialbrille konnte er nur sehr schlecht sehen.

Bei der Polizeiarbeit wird immer mal wieder ein Arzt gebraucht. Da müssen Blutproben entnommen, Haftfähigkeitsbescheinigungen oder Totenscheine ausgestellt werden. Aber welcher Weißkittel hat schon Lust, sich bei Wind und Wetter mitten in der Nacht oder zu anderen Unzeiten auf den Weg zu machen? In den Krankenhäusern brauchte keiner anfragen, die Ärzte dort waren stets unabkömmlich. Doch auf unserer Dienststelle gab es nie Schwierigkeiten.

Wir riefen Doktor K.

Was für eine grausige Erscheinung für jeden Autofahrer, wenn diese Gestalt mit Augen wie ein Uhu und der Spritze in der Hand sich ihm näherte, um eine Blutprobe zu nehmen. Zu sehen, mit welcher Mühe er ungeschickt seine Instrumente aus der Tasche kramte und es ihm kaum gelang, die in einem Glasröhrchen versiegelte Kanüle für die Spritze rauszufummeln. Wenig vertrauenerweckend. Vor dem Ansetzen der Nadel sprühte er Desinfektionsmittel rechts unterhalb des Ellenbogens auf den Unterarm des Kandidaten, um dann links daneben einzustechen. Der erste Stich ging meist daneben. Beim zweiten, dritten und folgenden Versuch sprach Doktor K. stets beruhigend mit nuschelnder Stimme auf sein Opfer ein: »Die Vene braucht man nicht sehen, man muss sie nur fühlen.«

Jedenfalls war dies die beste Methode, jemanden Alkohol am Steuer zu verleiden.

Heike R. stand das blanke Entsetzen in den Augen, als sie Doktor K. gegenüber saß. Eigentlich war sie sehr hart gesotten. Im Kindesalter schon von zuhause und auch von der Schule weggelaufen, trieb sie sich überall herum. Aus jedem Heim brach sie aus, besorgte sich Geld für den Lebensunterhalt durch Einbrüche, Ladendiebstähle, Handel mit Betäubungsmitteln, Prostitution und allen möglichen schrägen bis illegalen Methoden. Heike war weit und breit polizeibekannt. Ich weiß nicht mehr, was damals der Festnahmegrund war, jedenfalls musste auch bei ihr zur Beweissicherung eine Blutprobe entnommen werden.

Doktor K. war bestellt und während der Wartezeit verlangte Heike, zur Toilette zu gehen. Ich begleitete sie dorthin, zog aber den Schlüssel von der Kabinentür ab, damit sie sich nicht einschloss. Das Fenster war vergittert, so dass sie auf diesem Wege sicher nicht würde ausbüxen können. Heike R. brauchte verdächtig lange. Immer wieder rauschte die Wasserspülung und dann war meine Geduld am Ende. Ich klopfte an die Tür: »Hallo, bitte jetzt mal fertig werden und rauskommen!«

Wieder und wieder ging die Spülung. Ich zählte laut bis Zehn, damit sie sich anziehen konnte und öffnete dann die Tür: sie hatte doch tatsächlich ständig die Spülung gedrückt, damit ich vor der Tür nicht hören sollte, wie sie den Spiegel von der Wand genommen und ihn zerdeppert hatte. Mit einem Splitter versuchte sie, sich die Pulsadern aufzuschneiden. Gottseidank hatte sie nur gerade mal an einer Handbeuge die Haut eingeritzt. Ich nahm ihr die Scherbe ab und führte sie ins Büro. Da traf gerade der Doktor ein.

Ich stellte ihn Heike vor und erklärte ihr, dass er jetzt die Blutprobe nehmen werde.

»Dieser Mabuse – bei mir! Nie und nimmer!«, rief sie panisch.

»Nun mal halblang und schön mit der Ruhe. Es ist bestimmt besser, Sie sind jetzt tapfer und lassen den Doktor seine Arbeit machen. Wenn wir Ihnen das Blut zwangsweise abnehmen lassen müssen, wird es bestimmt noch unangenehmer.«

Heike fügte sich widerwillig und legte zögernd den Arm auf den Tisch. Nachdem Doktor K. mit seiner üblichen Prozedur die Kanüle fertig gemacht und umständlich die Vene erfühlt hatte, zielte er mit der Nadel auf Heikes Unterarm. Bevor er aber zustechen konnte, riss Heike ihren Arm hoch, packte den Doktor im Schritt und krallte sich in seinen Heiligtümern fest.

Er schrie nicht, aber seine Augen wurden größer und größer, drohten gar über den Brillenrand hinaus zu quellen. Er wehrte sich nicht, war zu gar keiner Reaktion im Stande. Zwei Kollegen stürzten sich auf Heike und befreiten die empfindliche Stelle, indem sie ihr Finger für Finger aufbogen.

Damit die Blutentnahme nun endlich ohne weiteren Zwischenfall über die Bühne gehen konnte, steckten wir Heikes Arm von Büro 1 durch die Tür nach Büro 2 und schlossen die Tür soweit, dass sie ihren Arm nicht mehr herausbekam. So war Doktor K. vor Heike sicher und machte sich daran, von Büro 2 aus die Vene so lange zu erfühlen, bis er die richtige Stelle gefunden hatte.

Eines Tages sollte unser Doktor K. eine Todesbescheinigung ausstellen. Ein Lebensmüder hatte sich auf die Schienen gelegt und war vom Zug überrollt worden. Sein Kopf lag vom Rumpf getrennt neben dem leblosen Körper. Eine scheußliche Geschichte. Aber selbst in einem solch eindeutigen Fall darf der offensichtliche Tod des Menschen nicht von einem Polizisten bescheinigt werden. Das muss nach deutscher Gründlichkeit natürlich offiziell durch einen Arzt erfolgen.

Doktor K. traf bei Nacht und Nebel am Unfallort ein.

Mein Kollege deutete nach vorne: »Da liegt er.« Mit seinen langen Stelzenbeinen stolperte der Doktor über die Gleise. Als Taschenlampe bediente es sich der ärztlichen Untersuchungsleuchte, jenes kleinen Instruments, mit dem er sonst seinen Patienten in den Hals schaute. Entzündete Mandeln konnte man damit wohl erkennen, aber die einzelnen Schwellen im Gleis waren damit nicht auszumachen. Immer wieder strauchelte Doktor K., schwankte bedenklich, fiel aber nicht und erreichte schließlich die Leiche.

Jetzt hätte man erwartet, dass der er nach einem geschulten Blick sein Formular ausfüllte, aber nein. Er beugte sich über den Toten, besah sich prüfend den Kopf neben dem Rumpf, zog daran die Augenlider auseinander und leuchtete mit dem kleinen Lämpchen hinein.

»Tja«, sagte er schließlich bestimmt, »der ist tot.«

Ob Doktor Mabuse überhaupt registriert hatte, dass der Kopf nicht an der Stelle war, wo er hingehörte? Die Kollegen bekamen jedenfalls die Todesbescheinigung für die Akten.

Paulis Abenteuer

Mein Kollege Pauli und ich fuhren im Nachtdienst Streife und hofften auf eine ruhige Schicht. Pauli konnte Aufregung überhaupt nicht vertragen. Ihm war sehr an einem undramatischen Ablauf des Lebens gelegen. Das Funkgerät allerdings ignorierte Paulis Gemüt und gab uns folgenden Funkspruch durch: »Auf der Bundesstraße fährt ein betrunkener Autofahrer mit seinem PKW in ganz starken Schlangenlinien.«

Wir waren ganz in der Nähe und rasch am Ort des Geschehens. In beiden Fahrtrichtungen standen dort die Autos am äußersten Fahrbahnrand möglichst außer Reichweite des in weiten Kurven herankommenden PKW. Fix stellten wir unseren Wagen gut sichtbar hin, schalteten das Blaulicht ein. Pauli sprang raus und schwenkte die Anhaltekelle. Am Steuer saß eine Frau. Sie reagierte überhaupt nicht auf die hektisch geschwenkte Kelle und unser Blaulicht. Ohne die Geschwindigkeit zu ändern, kurvte sie weiter großzügig über die Bundesstraße in Richtung des nächsten Dorfes. Schnell sprang Pauli wieder in den Funkwagen und wir nahmen die Verfolgung auf.

Bei dem Zick-Zack und Gekurve war es unmöglich, das Auto mit der Frau zu überholen und auszubremsen. So zogen wir alle Register, es wurde geblinkt, gehupt, das Martinshorn eingeschaltet, Lautsprecherdurchsagen gemacht … ohne Erfolg. Dann endlich, kurz bevor wir den nächsten Ort erreichten, gab es vor uns eine Vollbremsung. Um Haaresbreite wäre ich aufgefahren. Einen Unfall mit dem Funkwagen konnten wir jetzt gar nicht brauchen, erst recht nicht bei Paulis Verlangen nach geordneten Abläufen.

Na, wenigstens schien die Fahrerin uns bemerkt zu haben. Sofort raus aus dem Funkwagen, zum Fahrzeug der Frau rennen, die Fahrertür aufreißen und blitzschnell den Zündschlüssel abziehen war Eins. Jetzt konnten wir wenigstens sicher sein, dass sich dieser Wagen nicht mehr bewegte.

Ach wie fürchterlich roch es darin nach Alkohol! Überall im Fahrzeug lagen Schnapsflaschen herum – natürlich alle leer. Die Fahrerin hatte eine enorme Fahne, ein Alkoholtest erübrigte sich bei dem Zustand. Die Lage war eindeutig.

Wir baten die Dame, in den Funkwagen zu steigen, weil wir eine Blutprobe entnehmen lassen müssten. Unsicheren Schrittes ließ sie sich von mir zum Polizeiauto führen und Pauli, sehr nervös und hektisch, riss mir den Fahrzeugschlüssel ihres PKW aus der Hand:

»Ich setz noch schnell ihr Fahrzeug von der Fahrbahn.«

Es dauerte eine Weile, bis ich die Frau auf die Rückbank des Funkwagens bugsiert hatte – mein Gott war die blau!

Wer jetzt glaubt, die Geschichte sei zu Ende: … nein … nein …

Schließlich war sie drin, die Tür war zu. Da stieg Pauli mit einem irren, total verzweifelten Blick aus dem Fahrzeug, das er zur Seite gefahren hatte. Ich kannte diesen Blick! Er verhieß nichts Gutes!

Irgendetwas Außergewöhnliches musste passiert sein.

»Ist was kaputt gegangen? Bist du irgendwo gegen gefahren?«

Die Flüche, die Pauli von sich gab, möchte ich nicht niederschreiben. Jedenfalls drehte er mir sein Hinterteil zu und schimpfte über die Bescherung, die er dieser Frau zu verdanken hatte.

Als ich die Tür aufgerissen und mich schnell ins Fahrzeug gebeugt hatte, um den Schlüssel abzuziehen, musste sie sich mächtig erschrocken und ihrer prall gefüllten Blase freien Lauf gelassen haben. Genau in diese eklige Pfütze auf dem Fahrersitz hatte Pauli sich gesetzt und ein müffelnd-nasses Andenken bekommen. Die Dame saß derweil mit ebenfalls anrüchig-feuchter Kleidung in unserem Streifenwagen. Sie auf der Rückbank und Pauli als Beifahrer – damit waren zwei Sitze ruiniert. Ich hatte ihm zwar geraten, blank zu ziehen, aber davon hielt er gar nichts. Auch gut. Verständlicherweise wollte Pauli so schnell wie möglich zurück zur Wache, um sich zu waschen und umzuziehen. Aber wir mussten erst zum Krankenhaus, eine Blutprobe entnehmen lassen. Dort, auf dem Weg in den Behandlungsraum, bewegte sich Pauli immer mit dem Rücken zur Wand. Er wollte sein Geheimnis nun mal nicht preisgeben. Einer Krankenschwester aus der Notambulanz entging das natürlich nicht. Ich raunte ihr zu, was passiert war. In ihrer unendlichen Güte wollte sie Pauli aus der Misere helfen und bot ihm als Vorlage eine Erwachsenenpampers an. Mit hochrotem Kopf verzichtete er auf die Hilfe und verschwand in Richtung Streifenwagen.

Nach Entnahme der Blutprobe fuhren wir zur Wache und kramten aus dem Keller einen uralten Holzstuhl heraus, auf den die Frau sich setzen konnte. Pauli sprang unter die Dusche und schrubbte sein Hinterteil gründlich und den ganzen Ekel gleich mit runter. Frisch und halbwegs froh fühlte er sich danach wieder wohler. Am nächsten Tag erzählte er noch davon, wie seine Frau auf die seltsame Wäsche reagiert hatte. Sie hatte sich absolut geweigert, das

Zeug in ihre heilige Waschmaschine zu stecken und Pauli stattdessen, noch bevor er seinen wohlverdienten Schlaf nach dem Nachdienst halten konnte, in die Wäscherei geschickt.

Wer jetzt glaubt, die Geschichte sei zu Ende: … nein … nein …

Da saß noch die Frau auf dem Holzstuhl. Wen konnten wir anrufen, damit sie abgeholt würde. Sie war nicht in der Lage, Familie, Verwandte oder Bekannte anzugeben. Ich fragte sie, wo sie herkäme.

»Isch komm' von den AA.«

Ahnungslos frage ich sie, was das denn sei. Sie lallte:

»Annime Allohoooliker.«

»Ach, Sie hatten mal Probleme mit Alkohol?«

»Ja!«

»Heute haben sie keine Probleme mehr damit?«

»Neijjn!«

Wohin jetzt mit ihr? Ein Taxi würde diese Frau mit der markanten Rückseite bestimmt nicht mitnehmen. Da kam mir ein Geistesblitz. Es gab doch Eddy, genannt ›Lalühlalüh‹. Er war ein armer Schlucker, der einen uralten Mercedes besaß und schon mal verspätete Kneipengäste gegen ein kleines Entgelt, natürlich schwarz, nach Hause fuhr. Er stotterte leicht, was ihm seinen Spitznamen eingebracht hatte.

Ich rief ›Lalühlalüh‹ an.

»W-w-w-wer ist d-d-da?«

Ich meldete mich und fragte, ob er eine Fahrt in die nächste Stadt übernehmen könnte.

»Na k-klar.«

»Aber, wir brauchen noch einen zweiten Fahrer, der das Auto der Frau nach Hause bringt.«

»K-kein Problem, mein B-bruder k-kommt mit.«

Ich legte ihm noch ans Herz, auf jeden Fall zwei Plastikmüllsäcke mitzubringen. Seine Frage nach dem Warum, überhörte ich geflissentlich.

Er kam dann mit seinem Bruder und zwei Müllsäcken, die sich sein Bruder und die Frau auf den Sitzen unterlegen mussten.

Die beiden Sitze im Funkwagen waren nicht mehr zu retten und wurden später erneuert. Ich glaube kaum, dass die Frau, die ja keine Sorgen mit Alkohol mehr hatte, dafür haften mußte.

Eifelzauber im Narzissental

So, hab' ich jetzt auch alles? Werden zwei Flaschen reichen, oder lieber doch drei? Genug Gläschen auch dabei? Die Strohballen sind schon auf'm Hänger gut festgezurrt, damit ja nichts ins Rutschen kommt. Ein paar warme Decken noch dazu. Den alten Holzschlitten ins Auto und dann kann's los gehn. – Achnee, halt! Nur das Horn nicht vergessen! Ganz wichtig! Eine Vorbereitung fast wie bei einer Treibjagd. Doch geht es heute nicht auf Fuchs und Has', es geht auf Ladies-Tour in die Narzissen.

Monika hatte gefragt, ob ich ihr wohl einen großen Gefallen tun könnte: »Meine Tante und ihre drei Freundinnen sind ja schon gut in die achtzig, sehr schlecht zu Fuß, aber geistig noch fit. Die Damen würden so gerne noch einmal die herrlichen Narzissentäler besuchen, wo sie in ihrer Jugendzeit so manches Schöne erlebt haben.«

Spontan sagte ich zu. Sehr gerne wollte ich ihr und vor allem den Ladies diesen Wunsch erfüllen. Allerdings war diese Aufgabe nicht einfach. Die für ihre wilden Narzissen berühmten Täler im Monschauer Land sind wunderbare Wandergebiete. Jedes Jahr im April und Mai, wenn die Wildnarzisse in Blüte steht, bietet sich den Betrachtern ein ganz besonders Naturschauspiel: Millionen und Abermillionen gelber Sternkelche verzaubern die Landschaft. Nur wie sollte ich die älteren Damen dorthin bekommen? Ein noch so kurzer Fußmarsch vom Wanderparkplatz zum Narzissenblick schied von vornherein aus. Mit dem Auto bis zur Blume fahren, ging auch nicht: Naturschutzgebiet!

Aber wieso eigentlich nicht? Schon oft habe ich als Waldführer Naturinteressierte zu den Narzissenwiesen begleitet, hatte immer einen guten Draht zu den Kollegen vom zuständigen Forst. Warum nicht einfach mal anfragen?

Ich schilderte dem zuständigen Forstbeamten meinen Plan und bat darum, zu einer touristenarmen Tageszeit mit meinem Geländewagen und einem PKW-Anhänger die vier Ladies durch das Tal fahren zu dürfen. Er drückte in dem Fall großzügigerweise beide Augen zu und gab mir freie Fahrt.

Tag und Stunde waren gekommen, der Hänger gemütlich präpariert, das Wetter sonnig. Am verabredeten Treffpunkt nahm ich die vier Narzissenfreundinnen in Empfang. Die staunten nicht schlecht, als sie das sonderbare Gefährt sahen. »Aber wie sollen wir da hineinkommen?«, fragten sie besorgt.

Das war kein Problem, denn ich hatte ja den Holzschlitten mitgebracht, der flugs eine praktische Stufe zum Anhänger abgab. Etwas Drücken, Schieben, Hochhieven war schon nötig, um die Fahrgäste auf den Hänger zu bekommen. Aber schließlich saßen alle gutgelaunt auf den Strohballen, warm eingemummelt in Decken, Mäntel, Mützen und Kopftücher.

Zum Aufbruch habe ich mit dem Jagdhorn ein munteres Signal geblasen und schon war die Damengesellschaft bester Stimmung. Bevor es dann endlich auch wirklich losging, erklärte ich noch schnell:

»Das Jagdhorn ist auf unserer Tour sehr wichtig. Unterwegs werden wir an einigen besonders schönen Stellen anhalten. Dann erklingt wieder das Jagdhorn als Zeichen, eine Flasche Eifelzauber zu öffnen und jeweils ein Schnapsgläschen mit dem unglaublich leckeren Aufgesetzten aus Waldbeeren zu füllen. Für das Leeren sind dann Sie zuständig.«

Es war wunderbar zu sehen, wie die Ladies diese Fahrt genossen!

Wir zuckelten durch die strahlend gelben Narzissentäler und so erfüllte sich ihr großer Wunsch. Die Nasen in der Sonne, die Decke auf dem Schoß in etwas holpriger Fahrt über Stock und Stein. Vielleicht ganz so, wie sie es in ihrer Jugend auf der Kutsche erlebt haben mochten.

An besonders schönen Plätzen hielten wir an. Ich erzählte über dieses und jenes Wunder aus der Natur und wurde natürlich beim Wort genommen: ins Jagdhorn zu blasen und dann die Gläschen mit Eifelzauber zu verteilen. Die Stimmung wurde immer angeregter und lustiger.

Nach zwei Stunden kehrten wir wieder zurück. Es hat mir selber sehr viel Freude bereitet, mit einfachen Mitteln diesen Menschen einen lang gehegten Wunsch zu erfüllen. Noch viele Male haben die vier Ladies mich angerufen und sich bedankt. Diese Fahrt haben sie nie vergessen, ich übrigens auch nicht.

Die Flinte

Es war einmal eine Zeit, da wurden die Grenzen zwischen Belgien, Deutschland und den Niederlanden noch durch Zöllner bewacht, es gab keinen Euro, sondern jeweils eine eigene Landeswährung. Für unsere Polizeiarbeit in der Eifel ergaben sich daraus immer wieder recht komplizierte Fragen der Zuständigkeit, zumal unser Bezirk direkt an Belgien grenzte. Auf belgischem Gebiet durften wir natürlich nicht tätig werden. Die belgische Polizei bei uns auch nicht. Auf kleinem Dienstweg entwickelten sich aber immer wieder gute Verbindungen für eine Zusammenarbeit und inzwischen gibt es auch eine gemeinsame niederländische, deutsche und belgische Dienststelle, die grenzüberschreitende Angelegenheiten regeln kann. Bei verschiedenen Anlässen macht man auch gemeinsam Dienst in den jeweiligen Ländern. Und es sieht auch sehr gut aus, wenn die Kollegen zusammen in den jeweiligen Uniformen auftreten. Hier lassen sich die Vorzüge Europas im Alltag erleben. Der einzige Unterschied, der nicht so schnell überwunden werden kann, sind die verschiedenen Gesetze. Eine echte Vereinheitlichung wird wohl noch sehr viele Jahre dauern.

Nun gab es bei uns im Grenzgebiet damals wirklich verrückte Kuriositäten: Da führten verschiedene belgische Straßen und eine Bahnlinie durch Deutschland hindurch und Teile der nationalen Territorien ragten weit ins Nachbarland hinein. Unfälle mussten immer von den jeweils nationalen Kollegen aufgenommen werden. Strafprozessuale Maßnahmen, wie Entnahme von Blutproben, Beschlagnahme von Führerscheinen und so weiter durften ebenfalls nur von den jeweils ›einheimischen‹ Ordnungshütern angeordnet werden.

Einmal ließ jemand eine alte ausrangierte Bahnschwelle von belgischem Bahngelände mitgehen und verbaute sie in seinem Garten. Ein anderer Mensch machte darüber Meldung bei der Polizei. Wir deutschen Polizisten stellten die Personalien fest und gaben den Vorfall an die belgischen Kollegen weiter. Das reichte aber nicht aus. Da der Gartenbesitzer seinen Wohnsitz selbst auf belgischem Territorium hatte wurde er festgenommen, erkennungsdienstlich behandelt und musste eine Nacht hinter Gittern verbringen. In Deutschland hätte eine einfache Diebstahlanzeige ausgereicht.

Ein kleiner Ort lag ganz absonderlich: um dorthin zu kommen, musste man etwa hundert Meter durch Belgien fahren und sogar einen offiziellen Zollübergang nutzen, der rund um die Uhr besetzt war. In ebendiesem recht abgelegenen Dorf ereignete sich die Geschichte mit der Flinte.

Einmal im Monat traf sich eine Gruppe von etwa zehn Frauen aus dem Ort, allesamt in gesetzterem Alter, um gemeinsam zu einer großen Felsformation im Wald zu pilgern, in deren Nische wie in einer Kapelle eine Muttergottesfigur stand. Dort wurde dann gemeinsam gebetet. Auf dem Hin- und Rückweg gab es natürlich das Neueste aus dem Dorf zu erzählen. Der aktuelle Klatsch wurde stets sehr ausgiebig kommentiert, bevor die Damen dann an der Waldkapelle fromm wurden.

An jenem denkwürdigen Tag kamen die Wallfahrerinnen allerdings gar nicht bei der Muttergottes an. Als sie wie immer schwatzend und plappernd ihren Weg durch belgisches Gebiet nahmen, sprang plötzlich ein Mann aus dem Gebüsch, öffnete seinen Mantel und präsentierte den entsetzten Frauen seine Kostbarkeiten.

Anzeige wurde erstattet und da der Tatort auf belgischer Seite lag, übernahmen belgische Kollegen die Ermittlungsarbeit. Sie forschten nach, wer denn schon mit solchen Geschichten auffällig geworden war, und wurden rasch fündig. In einem der Nachbardörfer gab es einen Zeitgenossen, der durch seine exhibitionistische Neigung bereits Akten gefüllt hatte. Die belgischen Kollegen fragten bei uns an, ob wir den zehn Frauen einmal das Bild des Verdächtigen zeigen könnten. Wir trafen uns am Grenzübergang und übernahmen das Bild ohne irgendwelche Formalitäten. Eigentlich wären bei grenzüberscheitender polizeilicher Amtshilfe eine Menge bürokratischer Regelungen zu beachten gewesen, vorgesetzte Dienststellen hätten das genehmigen müssen. Wir agierten da meist sehr pragmatisch.

Mit dem Foto fuhren wir zu einem Bauernhof, in dem sich die Frauen zusammengefunden hatten. Bei unserer Ankunft hörten wir aus dem Haus schon lautes, temperamentvolles Stimmengewirr. Wahrscheinlich gab es wieder jede Menge Neues im Dorf.

Bei unserem Eintreten erstarb sofort jegliches Geschwätz … Totenstille!

Ich erklärte, worum uns die belgischen Kollegen gebeten hatten und ließ das Bild herumgehen. Die Frauen gaben es mit betretenem Schweigen von Hand zu Hand weiter. Kein einziger Kommentar, kein Kichern, nichts war zu hören. Als wir schließlich mit dienstlicher Strenge um Aussagen baten stellte sich heraus, dass nur zwei der Damen bei dem Vorfall auch das Gesicht des Mannes gesehen hatten. Aber so recht wollte sich keine erinnern, das Bild wäre ja so ungenau und wohl auch schon so alt, dass sie darauf niemanden sicher erkennen könnten.

Mit diesem dünnen Ergebnis riefen wir die belgischen Kollegen an. Kein Problem, man habe den

Mann zuhause erwischt und schon mal vorsorglich festgenommen. Ob denn die beiden Frauen, die auch das Gesicht gesehen hatten, zu einer Gegenüberstellung bereit wären? Wir könnten uns der Einfachheit halber direkt am Zollhaus treffen. Nach einigem Zureden erklärte sich eine bereit, mit uns mitzukommen. Unterwegs im Auto fragte ich sie, wie sich der Vorfall denn genau ereignet hatte.

»Jo merr Vraue jonge zum Kapellche und worre am bedde. Da kom op emohl sune Kerel usem Jebüsch un mät singe Mankel op. Wat hot dä dadronger aa, – nühs. Drej va us sen langs jejange. Die angere sen ömjedrihend. Ich ävver net. Ich bön na däm henjejange un hann mit höm jeschschankt: ›Du Schwein, wat maast du heh! Jank doch noh Ooche zum Puff!‹ Ävver dat hat nühs jenutz. Dä hat an singer Flint jewirkt. Mit beetse Hänkt hat dä jewirkt. Un je mie ich jeschankt han, so schneller hat dä jewirkt. Isch kann üch saare, isch hann ses Könk, ävver suen Flint han ich noch net jesehn.«*

Bleib da mal ernst und fahr' nicht in den Graben!

Einmal auf Touren, fiel der Frau noch so manche Einzelheit ein und sie wollte gar nicht mehr aufhören, von dem Vorfall mit der ›Flinte‹ zu erzählen. Als

* »Ja wir Frauen gingen zum Kapellchen und waren am Beten. Da kommt auf einmal so ein Kerl aus dem Gebüsch und macht seinen Mantel auf. Was hatte der drunter an – nichts! Drei von uns sind weiter gegangen. Die anderen gingen zurück. Ich aber nicht. Ich bin zu ihm hin gegangen und hab mit ihm geschimpft: ›Was machst du hier, du Schwein! Geh doch nach Aachen in den Puff!‹ Aber es hat nichts genutzt. Der hat an seiner Flinte gearbeitet. Je mehr ich geschimpft habe, umso schneller hat der gearbeitet. Mit beiden Händen hat er gearbeitet. Ich kann euch sagen, ich hab sechs Kinder, aber so eine Flinte hab ich noch nicht gesehen!«

wir uns dem Zollamt näherten wurde sie auffallend still. Wir brachten sie dort in einen Raum, wo sie bei der kommenden Gegenüberstellung nur durch ein Guckloch zu schauen brauchte. Und so eifrig das Mundwerk zuvor gegangen war, so schweigsam blieb sie jetzt.

Bei der Begrüßung sagte der belgische Kollege, dass die Gegenüberstellung nicht mehr nötig sei, der Täter habe die Tat mit Mantel und Flinte bereits gestanden. Wo die Frau nun aber schon mal da war, wolle man zur Sicherheit und pro forma die Gegenüberstellung doch vornehmen.

Nachdem sie einen flüchtigen Blick durch das Guckloch geworfen hatte gab sie an, den Mann nicht genau zu erkennen und blieb ansonsten still.

Gut möglich, dass sie sich doch zu sehr auf die Flinte konzentriert hatte.

Gertrud

Wiedermal Großstadtrevier. In einigen Vierteln lebten Menschen, die in die tiefsten Abgründe geraten waren, welche Ursachen auch immer dazu geführt hatten. War es eigene Schuld, waren es unglückliche Lebensumstände, Drogen- oder Alkoholsucht? Manchmal reichte es, im einschlägigen Milieu aufzuwachsen, um für ein ›bürgerliches Leben‹ verloren zu sein. Hier war Gertrud zuhause: elf Geschwister, die Eltern alkoholabhängig und ohne Arbeit

Diese Familie bewohnte in einem Plattenbau eine Wohnung mit neun Zimmern, von denen einige komplett zugemüllt waren. Für die neun Zimmer gab es insgesamt eine Glühbirne und eine Türklinke. Aus diesem Grund standen alle Türen immer auf. Da lagen auch Berge gestohlener, verschmutzter Kleidung. Sie wurde wohl durch langes Liegenlassen von alleine sauber. Jedenfalls zog man sie immer wieder mal an, wenn länger kein Nachschub reinkam. Gertrud brauchte keine neue Hose. In den drei Jahren, die ich dort Dienst versah, hatte sie immer eine schwarze Knautschlacklederhose an. Offensichtlich wuchs dieses glänzende Kleidungsstück mit ihr mit.

Auf der Wache standen zwei Aktenordner, gefüllt mit all ihren ruhmreichen Taten. Sie hatte Schulen verwüstet, Kindergärten angezündet, unzählige Diebstähle begangen, hunderte Leute auf das Übelste beleidigt und beschimpft, Rauschmittel konsumiert und verkauft, war schon als Kind auf den Strich gegangen und immer wieder aus irgendwelchen Heimen entflohen. Ihr Freund ›Haifisch‹ war im Viertel berühmt-berüchtigt, seit er im zarten Alter von zwölf Jahren mit einem gestohlenen LKW die Stadt unsicher gemacht hatte. Von ihm schaute sie sich ab, wie man mit einer Büroklammer fast jedes Schloss öffnet. Bei den beiden war wirklich Hopfen und Malz verloren. Keine Chance, diese Kinder da raus zu holen.

Mit ihrem vierzehnten Geburtstag war Gertrud als nunmehr Jugendliche strafmündig und wurde in eine Jugendstrafanstalt eingewiesen. Im Viertel kehrt etwas Ruhe ein. Aber es gab ja Hafturlaub am Wochenende, wo man die Familie besuchen konnte. Da wurde so richtig gefeiert. War der Alkohol mal ausgegangen – kein Problem! Ab zum Bierautomaten und die Büroklammer gezückt… Auf dem Weg nach Hause flogen die leergetrunkenen Flaschen im hohen Bogen bei irgendwelchen Leuten durch die Fensterscheiben. Das bescherte uns direkt wieder einen Einsatz bei Gertrud.

Eigentlich hätten wir mit mindestens zwei Streifenbesatzungen hinfahren sollen, doch es lief gerade eine spektakuläre Verfolgungsfahrt durch die Stadt, jeder Polizeiwagen wurde gebraucht. So machte ich mich mit meinem Kollegen eben alleine auf den Weg zu Gertrud nach Hause.

Der ganze Clan war sturzbesoffen, selbst die kleinsten Geschwister. Ein Wort gab das andere und keiner wollte Gertruds Festnahme dulden. Schon nach wenigen Minuten prügelte sich der Vater mit meinem Kollegen, der älteste Sohn wollte mich in die Mangel nehmen. Die Mutter drosch mit dem Besen auf uns ein. Eine echt filmreife Szene im Schummerlicht der Glühbirne aus dem Nebenzimmer! Bei dem ganzen Tumult bemerkte ich plötzlich, dass sich alle Kinder mit Messern bewaffneten und sich auf uns stürzen wollten. Da riss ich mich los, stellte mich mit dem Rücken zur Wand in eine Ecke und zückte die Dienstpistole. Schusswaffengebrauch gegen Kinder ist natürlich ein Unding! Ich wollte auch nicht schießen, aber die Pistole in meiner Hand zeigte Wirkung. Die ganze betrunkene Bande stand wie vom Blitz getroffen und traute sich nicht mehr an uns heran. Genau in diesem Moment trafen Polizeikollegen zur Unterstützung ein. Wir nahmen Gertrud mit und für den Rest der Nacht war Ruhe.

Gertrud hatte immer ein sehr waches Auge, wenn es irgendwo was zu holen gab. In der Weihnachtszeit beobachtete sie einmal den Paketwagen von der Post: Da sind bestimmt überall Geschenke für Weihnachten drin! Kaum war der Paketbote mit seiner Fracht in einem der Häuser verschwunden, rannte sie los. Das Postauto stand offen. Mit leuchtenden Augen schnappte sie so viele Pakete, wie sie tragen konnte und hastete zurück in ihren Plattenbau. Der Bote hatte sie noch grade so eben verschwinden sehen und rannte ihr nach, um seine Pakete zu retten. Da der Clan ihn natürlich nicht ins Haus ließ, rief die Polizei.

Wir verschafften uns Zutritt zu Gertruds elterlicher Wohnung. Dort war aber trotz intensiver Suche nichts zu finden. Am besten wäre es, jede Wohnung im Haus zu durchsuchen. Das ging natürlich nicht. Aber Keller, Flure, Treppenhaus und Gemeinschaftstoiletten waren uns zugänglich. Also an die Arbeit!

Die allgemeine Toilettenanlage zu finden war kein Kunststück. Einfach immer der Nase nach. In dem Raum waren rechts und links in einer Reihe jeweils sieben WCs untergebracht. Alleine um den Flur dazwischen zu betreten, brauchte es eine gehörige Überwindung. Was für ein Gestank! Was für ein Unrat! Bloß nirgends reintreten! Einfacher gesagt, als getan! Hinter jeder Toilettentür lauerte eine neue Überraschung. Bei einem Klo funktioniert wohl die

Wasserspülung nicht, oder man hatte einfach ›vergessen‹ abzuziehen. Die Schüssel war so hoch voll mit Exkrementen, dass der letzte Gast auf der Brille gestanden haben mußte, um noch einen drauf zu setzen. An diesem widerlichen Ort fanden wir die Pakete jedenfalls nicht. Unglaublich, was Menschen in solchen Vierteln aushalten und dass ihnen jegliche Hygiene fremd ist.

Im Keller war es auch schauerlich, aber wenigsten wurden wir fündig. Die Pakete lagen aufgerissen und ausgeräumt in einer Ecke.

So kam man auch in diesem Hause zu Weihnachtsgeschenken.

Wildunfall

Da ich leidenschaftlicher und erfahrener Jäger bin, wurde ich oft von den Polizeikollegen gefragt, ob ich bei angefahrenen Wildtieren den Fangschuss setzen könnte. Sicherlich mehr als hundertmal habe ich im Polizeidienst diese unangenehme Aufgabe übernommen. Leicht ist es mir nie gefallen, aber es war jedes Mal einfach sehr wichtig. Ein solches Tier mit aufgerissenem Bauch oder gebrochenen Beinen leidet große Schmerzen, es muss so schnell wie möglich erlöst werden.

Ganz ungefährlich ist die Angelegenheit jedoch nicht, selbst für einen professionellen Jagdschützen. Mit dem vergleichsweise kleinen Pistolenkaliber der alten Walter PPK und dem für diesen Zweck ungeeigneten Vollmantelgeschoss einen ausgewachsenen Hirsch oder Keiler anzugehen, war schon gewagt. Später, als wir mit Neun-Millimeter-Geschossen ausgestattet waren, ging es etwas besser. Die Polizeiausrüstung kommt den jagdlichen Schusswaffen und der dazu gehörenden Munition aber nicht gleich. Doch oft blieb mir nichts anderes übrig, als die Dienstwaffe zu gebrauchen, wenn der zuständige Jagdaufseher oder Revierpächter nicht zu erreichen war oder keine Zeit blieb, meine Jagdwaffe zu holen.

Auch ist der Schuss auf ein am Boden liegendes Tier grundsätzlich sehr riskant. Das Geschoss geht durch den Körper hindurch und wird auf hartem Untergrund aus Stein, Beton oder Asphalt in irgendeine nicht vorhersehbare Richtung abgelenkt. Also ist es immer das Wichtigste, alle umstehenden Personen weit wegzuschicken. Einfach ist das nicht, weil sehr viele Leute sehen wollen, was da jetzt passiert. Wahrscheinlich das gleiche Phänomen, was Gaffer an Unfallstellen magisch anzieht. Oft musste ich wirklich sehr energisch werden, damit kein Dritter der Gefahr eines Abprallers aussetzt war.

Wenn es möglich ist, das Tier von der Fahrbahn zu ziehen, kann es auf weicherem Untergrund erlöst werden. Doch für das verletzte Wesen bedeutet dies absoluten Stress: zu den großen Schmerzen kommt noch die Panik, dass sich ein Mensch nähert, die Hände nach ihm ausstreckt, es packen will. Der Fluchtinstinkt lässt es alle Kräfte mobilisieren. Unfallrehe liegen oft erstaunlich ruhig auf der Straße und schaukeln ganz langsam mit dem Kopf. Ich habe dabei immer den Eindruck, die Tiere bringen sich in eine Art Trance. Aber wehe, man fasst sie in diesem Zustand an. Sie springen auch mit schwersten Verletzungen blitzschnell auf, um sich in Sicherheit zu bringen. In solchen Situationen versuche ich immer in den Straßengraben zu steigen und dann über die Straße hinweg dem Tier in den Nacken zu schießen. Dabei ist natürlich darauf zu achten, dass das Schussfeld dahinter auch frei ist. Besonders heikel wird es, wenn Leute das Tier festhalten. Eine junge Kollegin, gerade aus der Polizeischule in den Außendienst gekommen, saß einmal bei einem solchen Verkehrsunfall im Straßengraben und tupfte dem stark verletzten Reh das Blut von der Nase. Da ist überhaupt kein Schuss möglich. Da bleibt nur das waidmännische Abnicken: ein gezielter Stich mit dem Messer oberhalb des ersten Nackenwirbels. Wirklich keine schöne Aktion, aber in der Not bleibt nichts anderes übrig.

Einmal war ein Autofahrer am helllichten Tag in eine Rotte Wildschweine gefahren. Was war das ein Geschrei und Gequieke!. Ein scheußliches Drama, die fünf Tiere mit schweren Verletzungen dort zu erleben. Hier half auch kein Warten auf den Jagdaufseher. Ich musste sofort handeln und schickte sofort alle Zuschauer hinter die nächste Kurve. Der Kollege versuchte den laufenden Verkehr zu regeln und soweit wie möglich vom Unfallort fern zu halten. Bis alle Tiere erlöst waren, hatte ich fast zwei Magazine leergeschossen und dabei Glück gehabt, weil kein Abpraller auf dem Teer in meine Richtung kam.

Bei einem anderen Vorfall ging es um einen Fuchs mit abgefahrenen Pfoten an den Vorderläufen. In diesem fürchterlichen Zustand flüchtete er über eine Wiese. Ich mit der Pistole hinterher. Er war durch seine schlimme Verletzung nicht in der Lage, wirklich schnell zu laufen, aber ich kam ihm auch nicht wirklich näher. So schoss ich im Laufen ab und zu innehaltend auf den flüchtenden Fuchs. Nach etwa acht Fehlschüssen traf ich ihn endlich – Gottseidank war die grausame Verfolgung zu Ende.

Immer wieder möchten die in derlei Vorfälle involvierten Leute auch einen Tierarzt rufen. Das ist zwar gut gemeint, aber bei Wild selten sinnvoll. Viele Verletzungen sind nicht zu heilen und vor allem: was ist nach einer Operation mit dem Tier. Ich habe selbst viele Tierbabys, Rehkitze, Eichhörnchen oder Hasen aufgepäppelt und selbst einen kleinen Frischling zum strammen Keiler großgezogen. Durch meine Wohnlage im Wald kann ich alle Zöglinge sobald als möglich wieder auswildern, auch wenn es meiner Familie und mir schwerfällt, ein lieb gewordenes Tier frei zu geben. Bei dem Wildschwein ging das nun aber leider nicht. Der Keiler war so an Menschen gewöhnt, dass er auch in freier Wildbahn den Kontakt gesucht hätte. Vor meinem inneren Auge sah ich schon Spaziergänger in Panik, weil er mit seinen knappen vier Zentnern Lebendgewicht auf sie zulief, um nach einem Brot oder einem Apfel zu betteln.

Tierparks wollten ihn nicht haben, weil er nicht in eine bestehende Rotte einzugliedern war. So musste der arme Kerl seine Zeit alleine in einem Gehege verbringen. Das ist wirklich kein Leben! Gefundene Frischlinge nehme ich nicht mehr an.

Benni Blümchen

»Na, da kommt ja schon die Polizei! Das Rad liegt dahinten in den Büschen. Ich musste grad mal, da hab' ich es liegen sehen!«

Wir notierten die Personalien des Finders und holten den Drahtesel aus dem Gebüsch. Mein Kollege Benni entdeckte die Rahmennummer. Eine Abfrage per Funk ergab: das Rad ist gestohlen. Da der Eigentümer nicht zu erreichen und ein amtlicher Transportdienst nicht zu bekommen war, bat uns die Leitstelle, das Rad doch einfach zur Wache zu schieben. Der Fundort lag schließlich nur wenige hundert Meter von der Polizeistelle entfernt.

»Wir schieben nicht«, meinte Benni, »ich fahre es hin!«

Benni war mittleren Alters, nicht besonders sportlich und hatte zugegebenermaßen zuletzt als Kind auf einem Fahrrad gesessen. Sein Kinderrad war ein einfaches Rad gewesen, immerhin mit einer Torpedo-Dreigangschaltung, das Modernste, was es damals gab. Was aber lag da jetzt vor uns? Ein veritables Rennrad mit zwölf Gängen und sehr vielen geheimnisvollen Hebeln. Sitzen musste man auf einem unglaublich schmalen, bretthartenLedersattel. Da waren beim Benutzer Hämorrhoiden oder zumindest ein kräftiger ›Wolf‹ vorprogrammiert. Der gebogenen Rennlenker erlaubte Fahren nur in gebückter Haltung. Am entsetzlichsten waren aber die Pedale. Sie hatten vorne eine Art Metallschuh, einen Bügel, in den man mit der Schuhspitze hineinschlüpfen musste. Für ›Otto-Normalradler‹ also eine echte Herausforderung!

»Nee, Benni, lass das mal besser. Is' nix für dich.«

Mein kollegialer Rat kratzte an Bennis Stolz. Keine Frage, er musste das Rennrad fahren. So hielt ich das Ding so lange in der Balance, bis er tatsächlich in die Metallbügel geschlüpft war und schob ihn an.

Die Polizeimütze weit im Nacken, damit er bei der krummen Haltung überhaupt nach vorne sehen konnte, saß er in seiner grünen Uniformjacke aus Leder vollkommen verkrampft auf dem Rad und strampelte in Schlangenlinien voran. Mit dem Streifenwagen überholte ich Benni weiträumig.

»Ich fahr dann schon mal vor, wir sehen uns gleich auf der Wache.«

An der großen Kreuzung wechselte die Ampel von Grün auf Gelb, ich kam eben noch drüber. Als ich mich nach Benni umsah, nahm gerade das Chaos seinen Lauf: Benni wollte die knappe Grünphase auch noch erwischen und legte sich mächtig ins Zeug. Anhalten kam für ihn auch gar nicht infrage, die Rennhaken der Pedale hielten seine Füße fest umklammert. Die Fußgängerampel schaltete auf Grün, schon hastete eine ältere Frau mit einem großen Strauß Blumen in der Hand auf die Straße.

Und da kam Benni!

Na ja, so ein Rennrad hat keinen Rücktritt, sondern nur Handbremshebel am gebogenen Lenker. Es machte Rumms. Oma und Benni lagen mitsamt dem Rad auf der Fahrbahn, eingebettet in bunte Tulpen und garniert mit Schleierkraut.

Benni rappelte sich hoch, stand mit knallrotem Kopf da und entschuldigte sich immer wieder bei der Oma. Die ließ sich auf gar nichts ein, war auch nicht im Mindesten von der Polizeiuniform beeindruckt, sondern zog ihr Kleid hoch bis zum stattlichen Batzen. Wie ein Rohrspatz zeterte sie in höchsten Tönen:

»Alles kaputt, die Strumpfhose, die Löcher!!«

Sie zeigte auf eine leicht blutende Schürfwunde.

»Achje, mir tut alles weh, da – ich bin verletzt! Was fällt ihnen ein?! Und die Blumen, alle hin!«

Im Nu waren wir von Zuschauern umringt. Während Benni versuchte, die zerknickten Tulpen und das Schleierkraut einzusammeln und sich dabei immer wieder entschuldigte, bekam die Oma reichlich Zuspruch von den Passanten. Ich konnte mir das Lachen kaum noch verkneifen.

Aber das dicke Ende kommt noch.

Die Oma forderte natürlich Ersatz für ihre Strumpfhose und die Blümchen. Schließlich war sie ja verletzt und der ›Täter‹ war ein Polizist im Dienst. Also musste ein offizieller Verkehrsunfall aufgenommen werden. Wegen eventueller Befangenheit durfte ich diese Amtshandlung nicht ausführen. Kollegen aus einem anderen Bereich hatten das zu übernehmen, außerdem war ein Vorgesetzter hinzuzuziehen.

Nun hatten wir einen alten Haudegen, einen erfahrenen Hauptmeister als vorgesetzte, ›gewichtige‹ Person. Er war eigentlich ruhig und kaum etwas konnte ihn aus der Fassung bringen. Mit einer Ausnahme: eigene Verkehrsunfälle während der Dienstausübung! Da rastete der Chef jedes Mal aus, vor allem, wenn Kollegen selber schuld waren. Der Hauptmeister wurde also zum Tatort gerufen mit dem Hinweis: eigener Verkehrsunfall.

Er kam an, stieg aus dem Wagen, die eiskalte Wut in den Augen.

Mit stechendem Blick tigerte er um unser Einsatzfahrzeug herum, fand aber nichts. Ich saß am Steuer und so fauchte er mich leise, wie kurz vor dem Rausplatzen an:

»Wo ist der Schaden?«

Ich bemerkte nur kurz:

»Nicht der Funkwagen. Benni mit dem Rennrad. Das ist kaputt, die Strümpfe der Oma auch und ihre Blümchen sind geknickt.«

Das schlug dem Fass den Boden aus. Ich habe den Hauptmeister selten so in Fahrt erlebt. Auf der Wache gab es noch ein krachendes Nachspiel.

Seit dieser Zeit wurde Benni nur noch ›unser Blümchen‹ genannt.

Eifelcowboy

Zu der Zeit, als es noch die Tollwut im Monschauer Land gab, mussten wir von der Polizei auch häufig verdächtige Füchse, Hunde und Katzen schießen. Die untere Jagdbehörde des Kreises Aachen stellte zu diesem Zweck sogar ein spezielles Jagdgewehr mit drei Läufen, einen sogenannten Drilling, zur Verfügung. Aber manchmal kommt alles anders …

Auf einer Streifenfahrt über die Eifeldörfer fuhren mein Kollege und ich auf der Landstraße. An einer Baustellenampel hatte sich ein Stau gebildet und beim Warten auf Grün schaute ich müßig aus dem Autofenster. Da – ein Fuchs auf der Weide neben der Straße. Am helllichten Tag! Er lief mit offenem Fang, typisch für Tollwutbefall, direkt auf die Straßenbaukolonne zu. Die Arbeiter konnten gerade noch zur Seite springen und das irre Tier vorbeirasen lassen. Klare Sache, dass ich hier eingreifen musste. Pfeif' auf den Behörden-Drilling, den wir sowieso nicht dabeihatten.

Ich sprang aus dem Streifenwagen und rannte Richtung Baustelle hinter dem Fuchs her. Im Laufen zog ich die Dienstpistole, hechtete über den Stacheldrahtzaun auf die Weide und kam auf etwa zehn Meter an ihn ran. Stoppen, zielen, schießen – da lag er. Was ein Glück!

Für die Autofahrer im Stau hatte der verrückte Polizist ein spannendes Cowboystückchen zum Besten gegeben. Da wäre es schon blamabel gewesen, vorbei zu schießen.

Die Aktentasche

Karneval in Köln. Ein unglaublicher Kult in dieser Stadt. Alles steht Kopf und dreht sich nur um die Fünfte Jahreszeit. Gerade mal achtzehn Jahre und ›Pflänzlein vom Lande‹, war ich als blutjunger Polizist eine Woche zuvor hierher versetzt worden. Aufgewachsen im ländlichen Idyll, in einem einsam gelegenen Haus mitten in Wald und Wiesen, hatte ich keine Vorstellungen vom Leben in der Großstadt; schon gar nicht von den Schattenseiten und den unglaublichen Problemen dort und den absurden menschlichen Abgründen. Gerade da aber spielt sich das polizeiliche Arbeitsleben ab. Für mich ein absoluter Sprung ins eiskalte Wasser. Während meiner Ausbildung auf der Polizeischule wurden keine Einblicke in das praktische Leben draußen auf der Straße vermittelt. Von morgens bis abends hatten sie uns vollgepumpt mit Paragraphen und Gesetzen.

Direkt an meinem ersten Tag war ich eingeteilt zu einer Fußstreife durch ein Stadtviertel. Meine Güte, in voller Uniform auf die Straße! Da schaute einen doch jeder an! Das war ich nicht gewohnt. So viele Leute kamen an und fragten nach dem Weg, nach bestimmten Adressen und nach was weiß ich noch. Es war mir unmöglich zu helfen oder irgendwelche Auskünfte zu geben. Ich kam mir fürchterlich hilflos vor und wäre am liebsten im Boden versunken. Ich stand ja selbst vor dem Problem, in diesem Straßengewimmel wieder zurück zur Polizeiwache zu finden. In Uniform nach dem Weg zur Dienststelle zu fragen wäre schon unglaublich peinlich gewesen. Heilfroh entdeckte ich schließlich einen Buchladen und kaufte mir erstmal einen Stadtplan. Jetzt konnte ich mich einigermaßen orientieren. Navigationsgeräte oder Handys gab es zu dieser Zeit noch nicht.

In meiner ersten Woche, ausgerechnet auf Weiberfastnacht, lief ich mit einem erfahrenen Hauptmeister, einem typisch Kölner Unikum, zu Fuß durch das Viertel. Überall wurde gefeiert. Jecken in alle Formen und Farben, allen voran die verrückten Weiber, stürzten sich auf uns. Ruckzuck baumelten nur noch traurige Reste unserer Dienstkrawatten am Kragen. Von all den Bützchen hatte ich mehr Lippenstift im Gesicht als die meisten Frauen. In jede Kneipe wurden wir reingezogen. Der alte Kollege genoss das sichtlich aber mir war alles sehr peinlich. Einen respektablen Polizeibeamten hatte ich mir doch anders vorgestellt. Es dauerte nicht lange und mein Begleiter war voll wie eine Haubitze. In diesem Zustand brachte ich ihn dann irgendwie zur Wache zurück. Dort nahm jeder das für selbstverständlich, denn im Karneval war einfach alles egal.

Zwei Jahre später erhielt unser Streifenwagen nachmittags an einem Altweibertag den Einsatz: »Betrunkener Fußgänger auf der Zoobrücke – mitten im Verkehr.«

Wir entdeckten ihn zwischen den Autos, die im Berufsverkehr schnell rechts und links an ihm vorbeifuhren. Er torkelte auf der Straße herum, von hupenden Fahrzeugen begleitet. Ein Wunder, dass er noch nicht angefahren worden war. Es war ein kleiner Mann, mit dem Äußeren eines typischen Bürobeamten: korrekter Anzug, allerdings nur mit dem traurigen Rest einer Krawatte, die schütteren Haare, ursprünglich fein und ordentlich nach hinten gekämmt, wirr um den Kopf. Die schwarze Hornbrille, schief vor den Augen, drohte herunterzufallen. Unter dem Arm die Aktentasche. Scheinbar hatte man ihm im Büro mal gezeigt, was alles so üblich ist auf Altweiber in Kölle und ihn mit Alkohol total abgefüllt. Möglich, dass er den ungewohnten Stoff sonst nie zu sich nahm. Vertragen hatte er ihn jedenfalls überhaupt nicht und das brachte ihn und andere auf der Straße in Gefahr. Schnell zogen wir ihn aus dem Verkehr und setzten ihn hinten in den Funkwagen. Er war nicht in der Lage, uns Name oder Adresse anzugeben. Ein Ausweis war nicht zu finden. In der Tasche lagen nur irgendwelche ausgefüllten Formulare. So blieb uns nichts anderes übrig, als ihn zum Präsidium zu fahren und in die Ausnüchterungszelle zu stecken.

Draußen war es nasskalt und neblig. Die Heizung im Funkwagen lief auf vollen Touren. Bald merkten wir, dass unserem Passagier das nicht so recht bekam. Immer wieder würgte er, schnappte nach Luft.

»Mensch, der will sich den Alkohol doch nicht etwa noch mal durch den Kopf gehen lassen?«

»In unserem Streifenwagen mit den guten Polstern!«

»Bloß nicht!«

Geistesgegenwärtig packte ich seine Aktentasche, öffnete sie und klemmte sie unter seinem Kinn fest. Damit blieb er auch zunächst friedlich sitzen – ein Bild für die Götter! Doch die Ruhe währte nicht lange, der befürchtete Fall trat ein. Glücklicherweise ging kein Tropfen daneben. Der Herr auf der Rückbank hatte der Aktentasche sei Dank alles behalten, was ihm gehörte. Unser Fahrzeug blieb sauber.

Im Präsidium angekommen, brachten wir ihn zu den Gewahrsamszellen und gaben ihn bei den wachhabenden Kollegen ab. Auf einer kleinen Empore stand der Schreibtisch, auf dem wir unsere Einlieferungspapiere ausfüllten, da ertönte der entsetzte

Aufschrei eines Kollegen. Er hatte unseren Fahrgast noch durchsucht, Gürtel, Schuhriemen und so weiter abgenommen, bevor er ihn in die Zelle zu Ausnüchterung brachte. Wieder zurück im Büro, hatte er sich die Aktentasche vorgenommen und, nichts Böses ahnend, da hineingefühlt. Daher der Schrei! Vinylhandschuhe für die Leibesvisitation gab es damals noch nicht.

Jetzt hatten wir große Mühe, unbeschadet wieder aus dem Gewahrsam herauszufinden. Der Wutanfall des Kollegen war fürchterlich. Aber wenn er seine Hand auch blindlings irgendwo reinsteckte, war er selber schuld, das zu fühlen, was er eigentlich gar nicht wollte …

Was der kleine Bürobeamte am anderen Morgen wohl zu der Bescherung in seiner Aktentasche gesagt haben mag? Und wie hat er wohl auf seiner Arbeitsstelle erklärt, weshalb die Formulare so eigenartig aussahen?

Von Schränken, Leichen und Ratten

Wer legal Waffen besitzt, braucht dazu eine amtliche Berechtigung und einen Waffenschrank. Bis in die 1970er Jahre waren Kleinkaliberwaffen bei den großen Versandhäusern noch frei verkäuflich, einzige Erwerbsbedingung: das achtzehnte Lebensjahr musste vollendet sein. Als dann Waffenschränke grundsätzlich zur Pflicht wurden, gab es in vielen Haushalten noch unzählige von diesen Dingern. Viele Leute lieferten sie einfach zur Vernichtung ab, wenn sie sich keinen teuren Waffenschrank für ein Gewehr zulegen wollten, das schon über dreißig Jahre unbenutzt in irgendeinem Winkel auf dem Speicher oder im Keller rumgelegen hatte. Manch andere Zeitgenossen hüteten still ihr ›Geheimnis‹.

In meinem Dienstbezirk hatte ich als Polizist auch die Aufgabe, Waffenschränke zu kontrollieren. Dabei war festzustellen, ob der Schrank den gesetzlichen Sicherheitsanforderungen entsprach, die Waffen angemeldet waren und ordnungsgemäß aufbewahrt wurden.

Bei einer dieser Kontrollen geriet der Waffenbesitzer mächtig ins Schwitzen. Dass er gar keinen Waffenschrank besaß war dabei fast noch das geringere Übel …

»Soso, Waffenschrank also Fehlanzeige!«

»Hm, Hm – ja.«

»Wo haben Sie die Waffe denn verwahrt?«

»Also ich hab das Gewehr immer schön sicher oben auf dem Kleiderschrank im Schlafzimmer deponiert. Da kommt niemand dran, der da nix zu suchen hat«, gab mir der Kandidat mit einem schrägen Augenzwinkern zu verstehen.

»Dann wollen wir mal nachsehen.«

Im Schlafzimmer stieg er auf einen Schemel und langte mit einem Arm zielsicher auf den Kleiderschrank – nichts. Tastete nach rechts, nach links – nichts. Rückte den Schemel den ganzen wandlangen und fast deckenhohen Schrank entlang, immer wieder tastend nach der Waffe suchend – nichts.

»Ach du Sch …! Jetzt fällt mir ein, wo die Knarre ist!«

Als er vor Jahren einmal aus dem Urlaub zurückgekommen war, hatte er den Reisekoffer auf dem Schrank verstauen wollen und dabei das Gewehr mit einem gewaltigen Rumms hinter den Schrank befördert. Nun war guter Rat teuer, beziehungsweise harte Arbeit angesagt: der schwere Holzschrank maß sechs Meter in der Länge und war seinerzeit passgenau von einem Schreiner eingebaut worden.

Was blieb dem vergesslichen Waffenbesitzer also anderes übrig, als das ganze Trumm in seine Einzelteile zu zerlegen. Nach sage und schreibe vierzehn Tagen konnte er mir endlich das Gewehr aushändigen.

Eines schönen Tages nahm ich den Kollegen Willi mit zu einer solchen Kontrollfahrt. Der Weg führte uns zu einem älteren Mann, der mich schon zweimal abgewimmelt hatte. Gerade kamen wir im Hof an, als ein Wagen der Caritas wegfuhr.

Oh! - dachte ich, sehr günstig! Bisher hatte der Mann mich nämlich immer weggeschickt mit der Begründung, seine kranke Frau würde gerade gepflegt und da könnten wir nicht stören. Jetzt sollte die Ehefrau ja frisch versorgt sein und der überfälligen Kontrolle dürfte nichts mehr im Wege stehen.

Ich warnte Willi noch, dass der Mann eine sehr befremdliche, beinahe schauerliche Erscheinung war, da wurde uns schon die Haustür geöffnet. Alle Ausreden hatten jetzt keinen Zweck mehr und wir traten ein. Der Hausherr führte uns in einen Raum, der wohl Küche, Wohnzimmer und Schlafzimmer zugleich war. Hinten in der Ecke stand ein Bett. Es war schneeweiß und außerordentlich korrekt gemacht. Eine Person lag darin. Eine alte Frau. Sie hatte die Hände über der Brust gefaltet, den Kopf nach hinten gestreckt, das magere Kinn vorgeschoben, den fast zahnlosen Mund weit geöffnet. Auf unserem freundliches »Guten Tag! « kam keinerlei Reaktion von ihr. Sie zuckte nicht einmal mit der Wimper. War sie überhaupt noch am Leben?

Ihr Ehemann kümmerte sich nicht um unsere fragenden Mienen sondern erklärte kurz und bündig, die Waffen seien wohl irgendwo auf dem Speicher und er müsse sie dort suchen. Als er verschwunden war, standen Willi und ich ziemlich ratlos neben der Frau im Bett. Keiner von uns sah auch nur einen Atemzug von ihr. Der Brustkorb hob und senkte sich nicht.

»Ich glaube, die ist tot. «, flüsterte Willi.

In diesem Moment tönte aus dem offenen Mund ein einziger laut röchelnder Atemzug. Voller Schreck fuhren wir zusammen. Danach wieder Totenstille. Ganz seltsam war das Ganze in dem düsteren Häuschen.

Da kam auch schon der Mann vom Speicher zurück mit einigen vollkommen verrosteten Eisenteilen in den Händen, den Resten seiner ehemaligen Waffen.

Da !– schon wieder das schauerliche Röcheln.

»Geht es ihrer Frau gut?«, fragte ich.

»Ja klar - sie schläft gerade ein bisschen. «

Eine andere Kontrolle mit unerwartetem Ausgang erlebte ich mit dem Kollegen Willi zusammen in einem kleinen Ort auf dem Lande. Nach wiederholtem Klingeln öffnete der Herr des Hauses und ich gab mein Anliegen bezüglich Waffenschrank bekannt. Daraufhin ergab sich folgendes Gespräch:

»Klar, habe ich einen Waffenschrank! Selbstverständlich alles ordnungsgemäß! Aber da können wir jetzt nicht hin. Er ist im Keller.«

»Kein Problem, dann gehen wir in den Keller.«

»Das geht nicht, da drin ist Gas.«

»Wollen Sie damit sagen, dass hier Gas aus einer Leitung strömt?«

»Nee, das ist wegen der Ratte.«

»Vergasen Sie Ratten?«

»Ähm – ich hab heute Morgen mit der Gaspistole nach einer geschossen. Jetzt stinkt es da nach Gas.«

»Wenn es heute Morgen war, dann ist das Gas mit Sicherheit schon verflogen. Das stört nicht mehr.«

»Das glaub ich nicht. Kommen Sie lieber ein anderes Mal.«

»Wie wär's, wenn wir mal an der Kellertür riechen? Wenn der Gasgeruch weg ist, können wir doch rein.«

»Nee, das geht nicht wegen der Falle.«

»Was denn für eine Falle?«

»Na, eine Rattenfalle halt.«

»Aber die tut uns doch nichts.«

»Doch, die ist echt gefährlich!«

»Also jetzt mal halblang. Wir haben wirklich keine Angst vor einer Ratte oder vor einer Falle.«

»Sie dürfen diese Falle aber auf gar keinen Fall berühren! Kommen Sie doch lieber ein anderes Mal.«

»Nun ist aber Schluss mit den Ausreden! Sie führen uns jetzt zu Ihrem Waffenschrank, Falle hin oder her!«

Seufzend und sichtlich verlegen ergab sich der Mann in sein Schicksal. Die einfallsreichen Ausreden hatten uns natürlich erst recht neugierig auf diesen Keller und sein Innenleben gemacht.

Wie erwartet, roch es überhaupt nicht nach Gas.

In der Mitte des ersten Kellerraumes lag ein Brett auf dem Boden. Zwei geheimnisvolle Kabel waren darauf so montiert, dass die blanken Kupferenden nach oben zeigten. Vor den einen Enden lag je Stück Käse und die anderen Enden der Kabel führten in eine Steckdose. Wenn eine Ratte diese Kabel berührt hätte, würde sie den weitesten Sprung ihres Lebens gemacht haben. Aber das konnte doch nicht der Grund sein, uns den Waffenschrank nicht zeigen zu wollen. Vorsichtig gingen wir um den Käse und die Kabel herum in einen Kellerflur.

»Es wird jetzt sehr privat«, sagte der Mann entschuldigend.

Ich schaute ihn verständnislos an und er wiederholte:

»Es wird jetzt wirklich sehr, sehr privat.«

Der nächste Kellerraum war zu einer Art Partykeller ausgebaut. Und hier stand dann auch tatsächlich der Waffenschrank. Aber in welcher Umgebung! An der Wand prangte ein lebensgroßes Foto. Darauf waren zwei splitternackte Damen auf einem Sofa zu sehen. Unser Waffenbesitzer räkelte sich wie ein Pascha mitten zwischen den Grazien und hatte beide lustvoll im Arm.

Na ja, das war jetzt wirklich sehr, sehr privat!

Nur nichts anmerken lassen, war unsere Devise! Dienstbeflissen kümmerten uns um die Waffen. Alles in Ordnung!

Wieder draußen an der frischen Luft meinte Kollege Willi nur, er würde es sich beim nächsten Mal genau überlegen, ob mich wieder bei meinem »bekloppten Job« begleiten wolle.

Zwischen zwei Schranken, oder: Lustig ist's, durch's Moor zu geh'n

Das Telefon in meinem Büro meldete sich ziemlich aufdringlich. Es war auch ein außergewöhnlicher Anruf. Eine Dame aus dem Vorzimmer des Herrn Polizeipräsidenten meldete sich: ich möge mich bitte am folgenden Tag um 14 Uhr im Polizeipräsidium zu einem Gespräch mit dem obersten Chef einfinden.

Ich konnte mir schon denken, worum es ging: um meinen Antrag, im Dienst Jugendarbeit machen zu dürfen. So wie ich das geplant hatte, war es absolut untypisch für die Polizei. Bäume pflanzen, Moorweiher renaturieren und andere Dinge in der Natur erarbeiten kam den meisten Vorgesetzten so fremd vor, dass sie meine Vorhaben abgelehnten hatten. Ein Zusammenhang mit dem Dienst sei darin nicht zu erkennen, hieß es.

Genau darüber wollte der Polizeipräsident sprechen. Er habe gehört, dass ich wohl so ein Waldmensch sei. Ob ich vielleicht mein Hobby im Dienst ausüben wolle - fragte er mit recht strenger Miene.

Ich erklärte, dass in meinem Bezirk ein neuer Jugendtreff eröffnet habe. Genau dort treffen sich ja die Sorgenkinder des Bezirksbeamten, des ›Ortssheriffs‹. Bisher hatten die Kids an den einschlägigen Stellen in der Gemeinde allerlei Unsinn gemacht, Rauschmittelkonsum und Alkoholexzesse am Bushof, mit Graffitis ›verzierte‹ Wartehäuschen und viele andere unschöne Dinge mehr. Ich wollte diese Jugendlichen in sinnvolle, vor allem auch nachhaltige Projekte einbinden, sie von der Straße holen und dabei ein vertrauensvolles Verhältnis zur Polizei fördern. Was lag da näher, als meine Kenntnisse nutzen, die ich in vielen Jahren Jugend- und Kinderbeschäftigung in Wald und Flur gesammelt hatte.

Genau das schien dem Polizeipräsidenten tatsächlich zu gefallen.

»Sie wissen, dass alle Ihre unmittelbaren Vorgesetzten das Vorhaben abgelehnt haben?«, gab er zu bedenken.

»Ja, das habe ich schon gemerkt.«

»Ich finde ihr Vorhaben aber gut. Sie bekommen fünfundzwanzig Arbeitsstunden dafür. Machen Sie was draus und melden sie sich, wenn sie was vorzuweisen haben. Ich komme dann mal selbst raus und sehe mir das an.«

Halleluja!! Das war ja eine wunderbare Überraschung!

Fast am besten gefiel mir daran, dass mein schriftlicher Antrag vom Polizeipräsidenten befürwortet und genehmigt worden war und an all den Vorgesetzten vorbei, mir wieder zugestellt wurde. Jetzt lag es an mir, was draus zu machen und ich war guter Dinge, dass es mir gelingen würde, die Jugendlichen ›auf die Läufe zu bringen‹.

So kam es zu der Aktion mit den Wildobstbäumen. In gemeinsamer Arbeit pflanzten wir eine sehenswerte Obstbaumallee mit eifelharten Sorten. Als das geschafft war, informierte ich den Polizeipräsidenten und der kündigte auch prompt seinen Besuch an. Ihm die einzelnen kleinen Wildobstbäumchen zu zeigen, war nun nicht so spannend. Das musste dann schon die ganze die Obstbaumallee sein. Und bei der Gelegenheit wollte ich ihm auch gleich die nächsten geplanten Maßnahmen bei den Moorweihern im hohen Venn vorstellen. Ein Termin für den Besuch war rasch gefunden. Der Polizeipräsident sagte zu und kündigte an, dass Fernsehen und Presse mit von der Partie sein würden.

Genau das war nun aber überhaupt nichts für meinen direkten Vorgesetzten auf unserer der kleinen Dienststelle. Er war ein ruhiger und bei allen unseren Kollegen sehr beliebter Chef, der auch keiner Fliege was zuleide tun konnte. Ihm war am liebsten, dass der Betrieb glatt und ›geräuscharm‹ lief. Und jetzt wollte der Polizeipräsident persönlich unsere ländliche Wache besuchen, inklusive Mediengedöns! Und ich hatte mich noch erdreistet, auch den Bürgermeister und einen Herrn vom Vorstand des Landesjagdverbandes einzuladen. Die hatten ja schließlich die Maßnahmen bewilligt und finanziert. Für die Nerven meines direkten Chefs war das eigentlich zu viel Rummel – aber was wollte er machen … Meine Anregung, die Teilnehmer an der Tour noch mit einem kleinen Imbiss zu bewirten, gab ihm beinahe den Rest.

So ein großer Tag musste generalstabsmäßig vorbereitet werden. Nichts, aber auch gar nichts durfte dem Zufall überlassen bleiben. Ab jetzt war das Chefsache!

Gemeinsam unternahmen wir Fahrten zu den einzelnen Stationen der schon fertigen und der noch geplanten Aktionen. Gewissenhaft wurde alles mehrfach durchgespielt: angefangen vom Abholen des Bürgermeisters bis zur Obstbaumallee, wo die Presse und die Kameraleute uns erwarten sollten. Die wahrscheinliche Dauer der Aufenthalte wurde notiert, jeder Kilometer gemessen und auch das Stück Fußweg durch's Moor genau berechnet. Die Schlüssel für die Schranken der Forstwege waren auf Gängigkeit überprüft, alles Erdenkliche getan, damit bloß keine Panne passierte.

Der ›Tag der Tage‹ brach an.

Was mein Chef nicht wusste: vor Dienstbeginn hatte ich auf dem Feldweg an der Obstbaumallee einen Tisch aufgebaut mit einer große Kanne Kaffee, einer Platte mit Süßigkeiten, Teller, Tassen, Servietten und einem Kasten Cola für die Jugendlichen. Den Pressesprecher der Polizei hatte ich gebeten, genau dort auf alle Teilnehmer zu warten, diese bitte zu begrüßen und vor allem, den Tisch mit der Kaffeetafel zu bewachen. Das wollte er natürlich gerne übernehmen. Doch bezweifelte er stark, dass er dort mitten in der Landschaft einsam und unbeschädigt einen solchen Tisch vorfinden würde. Er meinte, in Stadtnähe wäre so etwas nicht möglich.

Inzwischen traf der Herr vom Landesjagdverband ein, der Polizeipräsident mit seinem Referenten und einem Inspektionsleiter, der sich selbst eingeladen hatte. Nun wollte der Polizeipräsident nicht in unseren alten VW-Bulli einsteigen. Ich gab ihm aber zu bedenken, dass wir Feldwege befahren würden, die für seinen edlen Dienstwagen nicht geeignet wären. So kletterte er tapfer in den schon recht mitgenommenen Polizeiwagen. Mir war das schon recht. Auf diese Weise erlebte er live, mit welchen Fahrzeugen wir unseren Dienst versehen mussten. Dann ab zum Rathaus, den Bürgermeister einsammeln.

Mit dieser wertvollen Fracht fuhr ich zum Moor. Neben mir auf dem Beifahrersitz thronte mein Chef mit ziemlich hochrotem Kopf, sehr nervös, den ›Generalplan‹ in den zittrigen Händen. Um zum Moorgebiet zu gelangen, musste eine Schranke geöffnet werden. Der Chef nahm meinen Schlüssel, stieg aus und öffnete das Schloss. Wir fuhren durch, hinter uns ließ er die Schranke wieder runter. Mir war, als brauchte verdächtig lange, bis er wieder an Bord kam. Na – sei's drum …

Nach einer Weile hielt ich wieder an und bat die hohen Herren, auszusteigen. Von hier ab ging's nur zu Fuß weiter mitten hinein ins Venn. Keiner wollte Gummistiefel anziehen, die ich in allen Größen im Kofferraum liegen hatte. So blieb ich der einzige Gestiefelte, schließlich kannte ich ja das Moor. Mit Straßen- oder gar Büroschuhen kommt da keiner trocken wieder raus. Es war schon sehr interessant zu sehen, mit welchen Verrenkungen die Herrschaften versuchten, möglichst nicht zu oft tief einzusinken. Sie hielten alle tapfer durch. An den Moorweihern angekommen, wurde unsere bisherige Arbeit gebührend bestaunt, die Landschaft des Venn mit den seltenen Pflanzen enthusiastisch bewundert und auch die von mir noch geplanten Aktionen fanden allseitige Zustimmung.

Nun ging es wieder zurück durch tiefnasse Schlenken und über knubbelige Bulten. An einer der Wegschranken sollte mein Chef uns mit dem Bulli erwarten. Er stand auch da, allerdings noch vor der Schranke und schaute mich total verzweifelt an. Einen Finger seiner rechten Hand hielt er merkwürdig fest umschlossen und stieß zwischen zusammengebissenen Zähnen raus:

»Ihr Schlüssel passt nicht!.«

Unmöglich. Gestern hatte das Schloss noch wunderbar funktioniert. Ich ließ mir vom Chef den Schlüssel geben. Dabei wurde sein Finger frei und fing fürchterlich an zu bluten. Was war passiert? Er hatte beim Schließen der ersten Schranke vor Nervosität gedacht, man müsse das Schloss noch abschließen. Dabei brauchte man es nur zudrücken und einrasten lassen. In aller Hast hatte er den Schlüssel so heftig zu drehen versucht, dass der abbrach und dabei seinen Finger an dem scharfen Rand tüchtig aufgerissen. Das abgebrochene Stück Schlüssel steckte noch im Schloss der ersten Schranke. Da hatten wir den Salat! Unser Fahrzeug stand zwischen zwei verschlossenen Schranken mitten im Wald, der einzige vorhandene Schlüssel war unbrauchbar und unsere Ehrengäste hatten mächtig matschige Schuhe. Zu allem Überfluss drängte die Zeit. In fünfzehn Minuten sollten wir an der Obstbaumallee sein, wo Fernsehen, Presse und die Jugendlichen auf uns warteten. Der gute Generalplan war Makulatur, unbrauchbar. Während ich noch überlegte, wer aus dem nahen Dorf uns vielleicht einen Schrankenschlüssel bringen könnte, fiel dem Bürgermeister auf, dass die Schranke nicht ganz richtig in ihrer Halterung steckte. Alle packten mit an, drückten den Stützpfahl nach außen, den Schrankenbaum nach rechts und schon war die Schranke auf. So, jetzt den Bulli rausfahren, die Schranke wieder zurückbugsieren und alle einsteigen.

Immerhin! Eine tolle Mannschaft war da zusammen gekommen - Hut ab!

Für meinen Chef war der Horrortrip jedoch noch nicht zu Ende. Was war das - ? Das war doch nicht die minutiös geplante Strecke zur Obstbaumallee?

Nein, das war mein eigenes Ding!

Ich wollte unseren Besuchern noch die höchste Stelle der Nordeifel zeigen, zumal dort jetzt die berühmten Wildnarzissen zu Tausenden in prachtvoller Blüte standen. Es war auch wirklich kein Umweg … In Anwesenheit all der hohen Gäste konnte mein

Chef mir natürlich nichts sagen. War auch nicht nötig, seine Blicke sprachen Bände!

Nach kurzer Fahrt kamen wir zu den Narzissenwiesen, wo auch die Fernsicht auf die Eifelberge alle unglaublich begeisterte. Der Polizeipräsident war so fasziniert von der schieren Menge herrlicher Wildblumen, dass er seiner Frau einen feinen Strauß mitbringen wollte. Da musste ich ihm deutlich sagen, dass diese Pflanzen streng unter Naturschutz stehen. Es wäre mehr als peinlich, wenn ausgerechnet jetzt Spaziergänger sehen könnten, wie Polizisten mit gepflückten Narzissen in den Polizeibulli steigen. Hatte er nicht gewusst. Klar verzichte er jetzt auf diesen Naturfrevel und genoss den schönen Anblick in vollen Zügen.

Als wir weiterfuhren und um die nächste Kurve bogen, stand da eine Oma mit zwei Enkeln: jeder einen Strauß Narzissen in der Hand, wie es die ältere Dame wohl aus ihrer Kindheit gewöhnt war. Nachdem ich die drei sehr ernst belehrt hatte, ließ ich doch Gnade vor Recht ergehen. Den Honoratioren in meinem Wagen war das recht.

Schließlich kamen wir an der Obstbaumallee an. Die Leute vom Fernsehsender, die Jugendlichen, die Pressemenschen standen schon erwartungsvoll herum. Am schnellsten war der Polizeipräsident aus dem Bulli raus. In Windeseile schenkte er sich an der Freiluftkaffeetafel eine Tasse Kaffee ein und lenkte schnell mit der anderen Hand eine leckere Haselnusswaffel in seinen Mund. Er war bekannt dafür, dass ihm Süßes über alles ging. Nun griffen auch die anderen Gäste zu und die abenteuerliche Tour fand einen harmonischen Abschluß.

Der ›Tag der Tage‹ war rundum gelungen. Mein Chef konnte zufrieden sein.

Ladi!!

Das ›Polizeilatein‹ treibt im Einsatzalltag so manche bunte Stilblüte.

Beim Discounter. Kurz vor Weihnachten. Der Laden voll mit Leuten auf der Suche nach den letzten Geschenken oder dem passenden Weihnachtsbraten. Ab dem Nachmittag ist kaum noch ein Parkplatz zu bekommen. Draußen wird es schon früh dunkel. Die Angestellten haben alle Hände voll zu tun. Und doch ist in all der Hektik einem Lehrjungen aufgefallen, dass zwei Männer im Geschäft Waren aus den Regalen nehmen und in ihre Taschen stecken. Als einer von ihnen sich mal so gerade schnell an der Kassenschlange vorbeimogeln will, wird er prompt vom Geschäftsführer und dem Lehrjungen abgefangen und ins Büro gebeten. Er streitet alles ab, will seine Taschen nicht ausleeren und schon gar nicht durchsucht werden. Also muss die Polizei kommen.

Der klassische Funkspruch dazu lautet:

»Aldi Ladi«,

also: Ladendieb bei Aldi, der dann kurz und knapp quittiert wird mit

»Verstandi, Ende!«

Legendär ist auch der ältere Kollege in der Einsatzleitstelle, der nicht weiß, dass ein neuer Laden namens NanuNana eröffnet hat. Jedenfalls bekommt er einen Anruf aus dem Laden:

»Kommen Sie schnell, Ladendieb bei NanuNana!«

»Alles klar!«, ist seine Antwort,

»Ich schick euch gleich Tatütata.«

Ave Maria im Stall

»Fahr mal zum Pferdehof, dort liegt eine tote Person.«

Das war wieder einer von den unangenehmen Einsätzen, die man eigentlich gar nicht erst haben möchte und doch gehören sie zum Polizeialltag.

Auf dem Hof traf ich gleichzeitig mit unserem Herrn Dechant ein, den die Hofbesitzer auch benachrichtigt hatten. Knappe Begrüßung, bekümmerte Mienen. Schweigend betraten wir den Stall. Auf dem Boden lag in Mist und Stroh einer der Helfer mit starrem Blick, die Forke noch in der rechten Hand. Der Notarzt hatte schon einen Herzinfarkt als Todesursache festgestellt. Trotzdem muss bei solchen Vorfällen auch immer die Polizei verständigt werden, damit ein Fremdverschulden verlässlich ausgeschlossen werden kann.

So standen wir mit gesenkten Köpfen vor dem Toten im Mist: die Hofbesitzer, der Herr Dechant und ich. Würdevoll nahm der Herr Dechant Bibel, Weihwasser und Kreuz und hub an, dem Toten den letzten Segen zu spenden. Salbungsvoll sprach er die einleitenden Worte:

»Im Namen des Vaters und des Sohnes und des Heiligen Geistes – «

Der Landwirt schreckte auf:

»Ich muss schnell rüber zum Kuhstall. Die Bella kalbt!«

» – Amen!«

Rasch kam er zurück, wischte seine Hände an der Arbeitshose ab und reihte sich wieder ein, nur um kurz darauf mit verlegenem Grummeln wieder zur verschwinden.

Im schummrigen Licht des Stalles sprachen wir ein letztes Ave Maria und ein Vaterunser für den

Toten, während der Bauer immer wieder nach dem neuen Leben sah.

Die Szene war filmreif: die Hofleute in Arbeitskleidung mit Stiefeln, der Herr Dechant im Priestergewand mit den feinen schwarzen Lackschuhen, die in der Kirche einen anderen Eindruck machten, als hier im Mist und ich in meiner grünen Motorraduniform, den Helm im Arm. Na ja, wenigstens hatte ich Lederstiefel an, die dann im unteren Bereich nicht mehr so glänzten, wie des Morgens beim Anziehen.

Trotzdem habe ich es als würdevoll empfunden, eine Menschenseele an diesem Ort auf ihrem Weg in die Ewigkeit zu begleiten. Oft hat unser Herr Dechant gesagt, dass ihm diese Situation nie aus dem Kopf gegangen ist: wo das Ende des einen Lebens und die Geburt eines neuen Lebens so nahe beieinander lagen.

Wo ein Ende ist, ist immer wieder ein neuer Anfang. Amen!

Bella hat übrigens ein gesundes Kälbchen geboren.

Entstrahlungsgerät

So mancher Mensch wird im Alter sonderlich. Oft spielen körperliche Gebrechen oder Einsamkeit eine Rolle, wenn sich der Blick auf die Welt verschiebt und das Bild von der Wirklichkeit nicht mehr so recht passen will. Im Polizeibetrieb gehört es zum Alltag, dass sich Menschen mit wirr klingenden Geschichten auf der Wache melden und Hilfe brauchen.

So wurden wir eines Tages zu einer verstrahlten älteren Frau gerufen.

Ganz klar und überzeugt erzählte sie uns, ihr Wohnungsnachbar würde sie mit gefährlichen Strahlen belästigen. Er habe wohl ein Gerät, mit dem er die Strahlen in ihre Wohnung senden könne. Wegen der hohen Strahlenbelastung wäre ihr schon mal übel und sie bekäme immer wieder Schwindelanfälle. Außerdem würde er über diesen Apparat auch ihr Fernsehprogramm immer verändern – der Gipfel der Unverschämtheit!

Nein, Bekanntschaft habe sie mit dem Herrn noch nicht gemacht. Darauf lege sie auch keinen Wert!

Wir gingen dann mal kurz zum Nachbarn rüber weil wir wissen wollten, ob seine Fernbedienung für den Fernseher vielleicht doch durch die Wand wirken könnte. Allerdings hatte der nette Herr Nachbar gar kein Fernsehgerät, nur ein Radio ohne Fernbedienung. Er nahm die ganze Sache mit Humor.

Erfolglos versuchten wir, die alte Dame zu beruhigen. Doch sie war von den geheimen Strahlen absolut überzeugt, da blieben alle guten Argumente fruchtlos.

Kurz entschlossen nahm mein Kollege die Sache in die Hand.

»Na, Hermann, das ist dann wohl ein Einsatz für unser ›Entstrahlungsgerät‹.«

Sprach's und wandte sich zur Tür, um zum Streifenwagen zu gehen.

»Liebe Frau M. Wir werden die Wand jetzt strahlungsfest machen. Dazu haben wir ein besonders leistungsfähiges Spezialgerät, das in schweren Fällen wie bei Ihnen schon oft geholfen hat. Bleiben Sie jetzt bitte weit von der Wand weg. Ich schalte gleich das Gerät ein.«

Der Kollege fuhr den Streifenwagen von hinten über den Rasen bis an die Hauswand und setzte tatsächlich das ›Entstrahlungsgerät‹ in Betrieb: das Blaulicht auf dem Funkwagen. Ich war sprachlos und hatte große Mühe, nicht aus der Rolle zu fallen. Nach etwa einer Minute schaltete der Kollege das Blaulicht wieder aus und erklärte in vollem dienstlichen Ernst:

»So, Frau M., die Wand ist nun dicht. Die lässt keine noch so geheimen Strahlen mehr durch. Sie können beruhigt sein.«

Es war kaum zu glauben, aber die Frau war sichtlich erleichtert und bedankte sich mehrmals überschwänglich bei uns. Zumindest die Wand war nun dicht, jedenfalls eine Zeit lang. Nach vier Monaten rief die alte Dame wieder an und bat um eine erneute ›Entstrahlung‹. Was wir zu ihrer Zufriedenheit dann auch prompt erledigten. So ging das noch eine ganze Weile …

Bei einer anderen Dame in fortgeschrittenem Lebensalter war ein fremder Mann durchs Fenster eingestiegen und hatte sich hinter einem Schrank versteckt. Sie war völlig außer sich, als sie auf der Wache anrief. Panik pur! So schnell wir konnten, fuhren wir hin. Am Haus angekommen stellten wir fest, dass sie auf der vierten

Etage wohnte. Balkone gab es nicht. Wer sollte da durch das Fenster eingestiegen sein? Spiderman, Fantomas oder sonst ein Fassadenakrobat?

Die aufgebrachte Dame erklärte in voller Überzeugung, dass der Mann durch das Fenster hereingekommen sei. Er habe ihren Teppich entwenden wollen, war aber schnell hinter dem Wohnzimmerschrank verschwunden, als sie ihn entdeckte. Nun, der Schrank stand nur wenige Zentimeter von der Wand ab. Ich wies darauf hin, dass da kein Platz war für einen ausgewachsenen Menschen.

»Ach, Herr Kommissar, gucken Sie doch bitte mal selbst genau nach. Da werden Sie ihn schon finden.«

Um sie zu beruhigen, leuchtete ich natürlich mit der Taschenlampe hinter den Schrank.

»Nein, da ist niemand. Sie brauchen sich keine Sorgen zu machen.«

Vorsichtig lugte die Dame selbst in den Spalt zwischen Schank und Zimmerwand und schreckte völlig verängstigt zurück:

»Achje, doch da ist er! Ich habe ihn ganz deutlich gesehen!«

Wie bekommt man eine solch verwirrte Frau beruhigt. Sie hatte auch niemanden, der sich um sie kümmerte. Sie einliefern zu lassen erschien uns nicht angemessen, weil sie sonst einen gesunden, normalen Eindruck machte. Große Probleme erfordern großen Einsatz: dies war wieder ein Fall für das ›Entstrahlungsgerät‹.

Diesmal hatten wir sogar noch bessere, sehr wirkungsvolle Maschinen dabei, mit denen wir elektromagnetische Felder legen konnten. Wir nahmen unsere Handfunkgeräte, hielten sie nah aneinander und drückten auf die Sprechtaste. Die Geräte waren nun übersteuert und gaben fürchterlich laute

Quietschtöne von sich. Mit viel wichtigem Tam-Tam kreisten wir damit mehrmals um das Fenster und den Teppich.

»Kein noch so geschickter Einbrecher kommt jetzt mehr durch dieses Fenster herein. Da liegt ein magnetisches Feld drum. Den Teppich kann man jetzt auch nicht mehr stehlen. Der ist magnetisiert und gesichert.«

Und um die Person hinter dem Schrank unschädlich zu machen, zauberten wir zur Beruhigung der Dame mit den fürchterlichen Tönen auch noch ein Magnetfeld um den Schrank, so dass der Unhold nicht mehr dahinter hervor kommen konnte. Damit war die Frau sehr zufrieden und fand sogar Spaß an der ganzen Aktion.

Der Fall war erledigt. Wir wurden kein zweites Mal dorthin gerufen.

Der Spaghettifuchs

Es war einmal eine Frau, die wohnte allein in einem einsam gelegenen kleinen Fachwerkhaus weit außerhalb des Ortes. Sie war schon recht wunderlich für unsere ›modernen Zeiten‹: tagein, tagaus lief sie mit Gummistiefeln unter Kleid oder Rock herum und trug stets ein Kopftuch. Auch für den Weg zum Einkauf zog sie sich nicht um. Eigenartigerweise schien ihr Einkaufsbeutel auf dem Hinweg zum Laden immer schon recht schwer. Sein geheimnisvoller Inhalt war ein Beil, wie man es zum Brennholzhacken braucht. Vermutlich hatte sie Angst und fühlte sich mit dieser Waffe im Beutel sicher. Nachdem die Frau im Alter gestorben war, wurde das Haus von einer Familie erworben und sehr schön ausgebaut.

Allerdings störte es diese Familie, dass jeden Abend in der Dämmerung ein Fuchs zu Besuch kam. Auf seinem Weg durch den Garten markierte er regelmäßig ausgerechnet im Erdbeer- und Kohlrabibeet sein Revier mit einer kräftig stinkenden ›Fuchsgranate‹, was jedem den Appetit auf Gartenfrüchte kräftig verdarb. Auch machten sich die Gartenbesitzer Sorgen wegen des auf den Menschen übertragbaren Fuchsbandwurms. So kam die Frage an mich als zuständigem Jagdaufseher, ob man da nicht etwas unternehmen könne …

Es gab in meinem dortigen Revier reichlich, zu reichlich Füchse, das war bekannt. Also versprach ich, mich einmal auf den Rotrock anzusetzen. Als Hochsitz wählte ich das Baugerüst am Haus. Von dort ließe sich der Fuchs beim Anwechseln über die Wiese wohl gut ausmachen.

So saß ich eines Abends auf dem Gerüst, den Drilling im Arm, und wartete auf die Dämmerung.

Bald müsste der Fuchs ja auftauchen. Mit zunehmender Dunkelheit wurde es immer spannender. Da – plötzlich knarzte unter mir die Haustür. Es war die gute Hausfrau mit einem Becher Kaffee für mich. Na dann – den Drilling zur Seite gelegt, eine Etage tiefer geklettert und dankbar den Becher angenommen. Vorsichtig wieder hoch, bloß kein lautes Geräusch machen. Wer weiß, wo der Fuchs jetzt war. Rumms – knallte die Haustür hinter der Hausfrau wieder zu.

Genüsslich schlürfte ich den Kaffee. Wer hat denn schon so einen Luxus auf dem Hochsitz. Kaum war wieder Ruhe eingekehrt und mit ihr die Spannung auf den Fuchs zurück, lärmte schon wieder die alte Haustür. Der Kaffee war nur der Auftakt gewesen. Nun wurde mir ein Teller Spaghetti mit Käsesoße angereicht. Also wieder den Drilling abgelegt, wieder runter geklettert und möglichst leise mit dem Nudelteller wieder rauf auf meinen denkwürdigen Hochsitz. Ich kaute möglichst leise, weil ein Fuchs wirklich jedes Geräusch wahrnimmt.

Schließlich war der Teller leer, der Kaffee getrunken – kein Fuchs weit und breit. Die Nacht brach herein, der Mond hüllte die Landschaft in ein mildes Licht. Plötzlich stand Reineke auf der Wiese, so dreißig Meter vor mir. Ich hatte ihn nicht herankommen sehen. In Zeitlupe und möglichst geräuschlos hob ich den Drilling an die Schulter, nahm durch das Zielfernrohr den Fuchs ins Visier und drückte ab. Vom Mündungsblitz geblendet konnte ich nicht sehen, ob ich getroffen hatte und was mit dem Fuchs war. Jetzt nur Ruhe bewahren und mindestens zehn, besser fünfzehn Minuten warten, bevor man nachsehen geht. Von wegen! Schon wieder quietschte die Haustür. Alle Hausbewohner kamen raus und bedauerten laut, dass ich den Fuchs nicht getroffen hatte. Sie waren sicher, er war entkommen.

Mitsamt Teller und Tasse baumte ich ab und ging zum Auto, um die Taschenlampe zu holen. Damit leuchtete ich unter angrenzende Hecken und Büsche und siehe da, der ›Granatenleger‹ fand sich dort mausetot. Künftig konnten Kohlrabi und Erdbeeren wieder bedenkenlos geerntet und gegessen werden.

Ich erhebe Anspruch darauf, der einzige Jäger zu sein, der auf einem Baugerüst mit dem Drilling auf dem Schoß, heißen Kaffee trinkend und Spaghetti mit Käsesoße kauend, auf einen Fuchs wartete.

Es gibt doch Schutzengel

Nachtdienst in der Großstadt. Wenn nicht gerade ein Einsatz anliegt, fahren wir Streife durch die Gewerbegebiete, Wohnquartiere und Rotlichtviertel. Der Anblick eines Polizeiautos hält vielleicht den einen oder anderen davon ab, sich betrunken ans Steuer zu setzen, Autos aufzubrechen oder gar irgendwo einzusteigen und sich an fremder Leute Eigentum zu bedienen. Oft begegnen wir auf unseren Touren zwielichtigen Zeitgenossen, die scheinbar nichts Gutes im Sinn führen.

An diesem Abend ging ein gewaltiger Regenschauer nieder und man konnte kaum aus den Scheiben sehen. Als Beifahrer hatte ich die Aufgabe, mit den offenen und wachen Augen eines Polizisten alles zu beobachten, was sich ringsum so tut. Nach einigen Nachtdiensten hintereinander fiel mir das schon arg schwer. Wir waren noch nicht sehr lange unterwegs, da spürte ich plötzlich, dass mein Kopf wie von Geisterhand sanft aber bestimmt nach rechts gedreht wurde. Im Vorbeifahren sah ich durch das trübe Seitenfenster einen spärlich beleuchteten Weg hinunter zu einem kleinen Einfamilienhaus. Mir war, als hockte auf den Treppenstufen zum Hauseingang ein dunkles, unbestimmtes Etwas. Ein Mensch? Ein Tier? Ich konnte mir nicht vorstellen, dass jemand bei einem solchen Wetter einen Hund vor die Tür setzte.

Schon waren wir vorbei. Von einer seltsamen Unruhe erfasst, bat ich den Kollegen, zurückzufahren. Doch was da sein sollte, konnte ich ihm nicht beschreiben. Er wollte zunächst nicht, aber ich war so beunruhigt und ich bat ihn so drängend, dass er widerwillig den Wagen wendete und zurückfuhr.

Ich stieg aus und ging in die Einfahrt hinein. Da hockte vor der Türe ein junges Mädchen mit aufgeschnittenen Pulsadern. Schnell zog ich die Krawatte aus und band den Arm ab. Die Eltern im Haus hatten nichts von der Verzweiflungstat ihrer Tochter mitbekommen. Wir riefen sofort Notarzt und Rettungswagen. Das Mädchen erzählte, dass sie vor Kummer nicht mehr ein noch aus gewusst hätte: ihre erste große Liebe, ihr Freund, hatte Schluss gemacht.

Rückblickend ist dieses Erlebnis für mich, als hätte mich eine Art Schutzengel oder eine unbekannte Macht geführt. Verstandesmäßig ist es nicht zu erklären, wieso mein Kopf in Richtung des Hauses gedreht, mein Blick auf den Eingang gelenkt worden war und woher meine starke innere Unruhe, mein unbedingter Wille gekommen waren, auf Biegen und Brechen dorthin zu gehen …

Doch auch der Freund und Helfer braucht mal einen Schutzengel.

Auf einer kurvenreichen Landstraße durch ein großes Waldgebiet war im morgendlichen Berufsverkehr ein schwerer Unfall passiert: der Fahrer eines PKW lag tot auf der Straße, sein Auto hatte sich überschlagen und er war hinausgeschleudert worden. Eigentlich hätte das Polizeiteam jetzt zur Unfallaufnahme die Straße komplett sperren müssen, um alle wichtigen Spuren sichern, Zeugen befragen zu können. Dazu braucht es aber Verstärkung durch mehrere Streifenwagen, deren Besatzungen an jedem Ende der Straße den Verkehr umleiten. Wenn ich aber alle Streifenwagen zusammenzähle, die wir damals auf dem Land hatten, komme ich insgesamt auf einen einzigen. Bis zum Eintreffen von Unterstützung durch andere Dienststellen konnte schon mal viel Zeit vergehen.

Für uns war es jetzt erst mal das Wichtigste, die Unfallstelle zu sichern und den starken Verkehr zu regeln, vor allem im Kurvenbereich. Bloß keinen unkontrollierten Stau, bloß nicht noch einen Unfall! Der Krankenwagen musste schließlich auch durchkommen. Während der Kollege mit der Unfallaufnahme beschäftige war, kümmerte ich mich um den Verkehrsfluss. Rechts auf dem Grünstreifen stehend, winkte ich die von Links kommenden Autos durch. Die rechte Seite hielt ich genau im Auge, weil sich oberhalb eine Kurve befand und sich dort auf keinen Fall ein längerer Stau bilden durfte.

Mitten im Getümmel war mir plötzlich wieder, als drehte mir jemand den Kopf. Vielleicht war es auch nur das merkwürdig laute Geräusch eines LKW, der von links kam, was mich zu dieser Seite blicken ließ.

Von dort bretterte ein kleiner Kranwagen heran. Bevor der seinen Kran benutzt, fährt er vorn und hinten Stützen heraus, die mit einem Stempel auf dem Boden stehen. Genau eine solche Stütze mit dem Stempel war ihm wohl in den Kurven dieser Straße herausgerutscht. Der Wagen war vielleicht gerade noch fünf Meter von mir entfernt, die Stütze ragte über den Grünstreifen und kam wie eine Sense genau auf mich zu. Blitzschnell sprang ich in den schlammigen Graben und entkam so einem für mich bestimmt tödlichen Zusammenstoß.

Noch im Sprung wurde mir bewusst, dass dieser LKW im nächsten Ort die Schulkinder vom Bürgersteig rasieren würde. Schnell kletterte ich aus dem Graben, setzte mich in den Streifenwagen und fuhr mit Blaulicht und Martinshorn unter den verdutzten

Augen des Kollegen dem LKW hinterher. Kurz vor der nächsten Ortschaft hatte ich ihn eingeholt. Auf mein Signal hielt der Fahrer sofort an.

Ich wies ihn auf den gefährlichen Missstand hin. Da die Stütze genau unter dem Rückspiegel montiert war, hatte er nicht im Spiegel sehen können, dass sie rausgerutscht war.

Er tanke morgens immer selbst, gab er an. Genau an diesem Morgen hatte ein Helfer auf dem Betriebshof das Tanken übernommen. Um an den Benzineinfüllstutzen zu kommen, musste man die Stütze mit einem Hebel lösen und ein Stückchen herausziehen. Nach dem Tanken alles wieder in umgekehrter Reihenfolge. Dabei hatte der Helfer vergessen, die Stütze mit dem Hebel wieder zu sichern. Sie war gut gefettet und darum in den Kurven herausgerutscht.

Erleichtert fuhr ich zurück zum Unfall auf der Landstraße und erklärte dem Kollegen, warum ich ihn so plötzlich alleine gelassen hatte.

Oft mache ich mir Gedanken darüber, warum ich damals meinen Kopf wie fremdgelenkt nach links gedreht und gerade noch rechtzeitig den Kranwagen wahrgenommen habe.

Zu wissen, dass es wirklich Schutzengel gibt, kann ein beruhigendes Gefühl sein.